« Comment sommes-nous arrivés ici ? » L'orthodoxie en Occident

« Comment sommes-nous arrivés ici ? » L'orthodoxie en Occident, Volume 1

Thomas Hopko et al.

Published by Stéphane Bigham, 2024.

« COMMENT SOMMES-NOUS ARRIVÉS ICI ? » L'ORTHODOXIE EN OCCIDENT

First edition. August 5, 2024.

ISBN: 979-8227162830

Written by Thomas Hopko et al..

« Comment sommes-nous arrivés ici ? »

L'orthodoxie en Occident

Une anthologie d'articles sur l'Église orthodoxe et son enracinement dans le monde occidental

Vol. I

Père Thomas Hopko
Père Augustin Nikitine
Père Mailleux, S.J.
Père C. Indekeu, S.J.
Georges Rochcau
B. Bolshakoff

Stéphane Bigham
Éditeur
2024

Table des matières

Vol. II

7. « L'histoire de l'Église : le XXe siècle »
Père Thomas Hopko

8. Saint Germain, thaumaturge de l'Alaska (1837) fête le 9 décembre

9. La vie de saint Innocent d'Alaska

10. Les États du Midwest américain et saint Alexis Toth glorifié en 1994 ; fêté le 7 mai

11. Saint Nicolas Kasatkin, Évangélisateur du Japon

Préface

L'inspiration pour ce recueil d'articles se trouve dans un cours que j'ai donné à l'Université de Sherbrooke sur l'Occident et l'orthodoxie chrétienne. J'ai assemblé pour les étudiants un certain nombre d'articles, déjà en français ou traduits, qui les auraient aidés à mieux comprendre ce phénomène : l'apparence soudaine et inattendue d'un nombre considérable de chrétiens orthodoxes sur le sol de l'Europe occidentale et dans le Nouveau Monde. Quelques années plus tard, j'ai redécouvert un cartable contenant les articles et je pensais qu'ils pourraient servir à comprendre un nouveau phénomène : l'intégration, soudaine et inattendue, d'un certain nombre de « jeunes » hommes et femmes — de tous âges — à la paroisse orthodoxe Saint-Benoît-de-Nursie, Montréal, Québec. Venant de plusieurs origines — athée, protestante, catholique — ces derniers se nourrissent du repas spirituel qu'offre l'Église orthodoxe, mais ils ne connaissent presque rien de l'implantation de l'Église orthodoxe sur leur territoire, le Québec moderne, une Église qui semble étrange et exotique à des yeux occidentaux. Puisque l'Église a le devoir d'aller vers ceux qui cherchent, consciemment ou inconsciemment, la Vérité, c'est-à-dire le Christ, et de ne pas attendre que des « étrangers » viennent frapper audacieusement à la porte de nos ambassades ecclésiastiques établies en sol « pas de chez nous », j'ai eu l'idée de me servir de ces articles pour combler un manque de connaissance chez les nouveaux arrivés. Ils peuvent se poser la question : comment suis-je arrivé(e) ici ? Est-ce une secte ? Est-ce trop bizarre ? J'ai donc trié les articles, en choisissant les plus utiles, pour informer les paroissiens, anciens et de fraîche date, de comment l'Église du Christ est arrivée ici et comment une petite paroisse sur un coin de l'Amérique participe à un effort missionnaire qui dure maintenant plus d'un siècle. Je dis *missionnaire*, mais les orthodoxes ne se sont pas tous trouvés dans la diaspora orthodoxe en Occident pour prêcher l'Évangile ; plusieurs étaient des réfugiés économiques ou politiques, mais, quelle que soit leur motivation première de venir ici — et pour nous « ici » veut dire le Québec du XXIe siècle

— ils ont apporté avec eux l'Église orthodoxe, l'Église du Christ. Et certains, sachant que l'Église n'était pas un club d'« expatriés » naufragés sur une autre planète, mais qu'elle est le Corps du Christ et essentiellement missionnaire, ont interprété leur atterrissage en Occident comme un acte providentiel : le Seigneur les a placés ici à fin d'enraciner son Église sur un sol nouveau pour que, après des siècles, un nouvel arbre produise un nouveau fruit qui lui sera agréable. Alors, j'espère que les articles de cette anthologie seront utiles aux nouveaux paroissiens et à ceux qui cherchent, les aidant à s'enraciner dans leur propre patrie, à participer à une grande aventure : être apôtre de notre Seigneur, Dieu et Sauveur, Jésus-Christ.

On pourrait se demander pourquoi cette série traite souvent, trop pour certains, des Russes et de l'Église russe. La raison est très simple : c'est l'Église russe — malgré tout ce que l'on peut dire de ses défauts — qui est arrivée en Amérique du Nord avec un message missionnaire. Ce n'étaient ni les Grecs, ni les Roumains, ni les Ukrainiens, ni les Bulgares, ni les Serbes, ni les Albanais qui, à leur débarquement, avaient cette mentalité. En général, ces chrétiens orthodoxes sont arrivés ici pour des raisons politiques ou économiques. Ils ont ajouté, grâce à Dieu, le poids de leur nombre et la ferveur de leur foi aux efforts des Russes, mais ils n'ont pas apporté avec eux une vision missionnaire pour le Nouveau Monde. Pour la plupart, les orthodoxes arabophones du Moyen-Orient cherchaient une meilleure vie économique ou fuyaient des persécutions religieuses, mais, assez vite, ils se sont adaptés à leur nouvelle patrie et ont adopté — pas tous, par contre — plusieurs aspects de la vision missionnaire des Russes. On ne peut pas dire que tous les Russes étaient de fervents et courageux promoteurs d'une Église orthodoxe locale orientée vers de nouvelles langues et cultures. Néanmoins, c'est grâce à l'esprit et à la vision missionnaires de l'Église russe que pourrait s'enraciner ici un nouvel arbre portant un fruit qui a une saveur, à la fois, orthodoxe et locale. Merci à nos prédécesseurs.

Stéphane Bigham

1.

L'Église orthodoxe en Amérique
survol historique[1]

Père Thomas Hopko

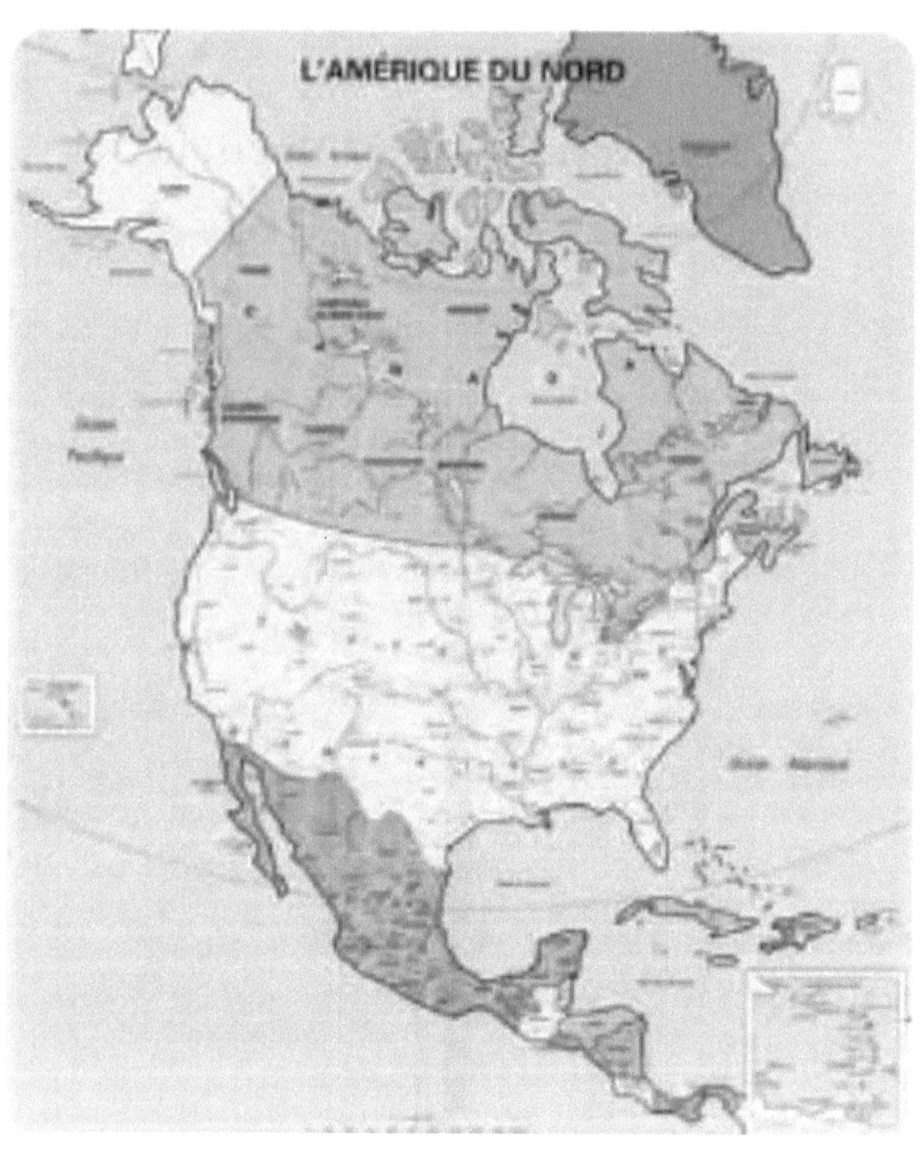

L'AMÉRIQUE DU NORD

Chapitre I : L'Église d'Alaska, 1794-1870

En 1589, le métropolite de Moscou était élevé au rang de patriarche, avec juridiction sur la Russie et les pays du Nord. À la même époque, comme pour donner un sens à cette nomination, les Russes entreprenaient une formidable poussée vers l'est, qui allait leur faire traverser les immensités de l'Asie septentrionale, et ce, en moins d'un siècle. Partis de la Volga en 1581, les Cosaques atteignaient l'Iénissée en 1610 ; puis, ayant parcouru la Sibérie orientale, ces mêmes Russes parvenaient au futur détroit de Béring en 1648. Ces hommes, qui avaient conquis tout un continent, ne pouvaient s'empêcher de rêver d'en conquérir un autre, peut-être plus vaste et plus riche et aux possibilités infinies : c'est ce désir de conquête d'une terre encore vierge qui les avait sans doute incités à poursuivre leur marche vers l'Orient. Il aura fallu cependant attendre près d'un siècle pour que les Russes se décident à franchir le pas qui les séparait du Nouveau Monde ; et ce n'est qu'en juillet 1741 que les explorateurs Béring et Chirikov découvraient l'Alaska.

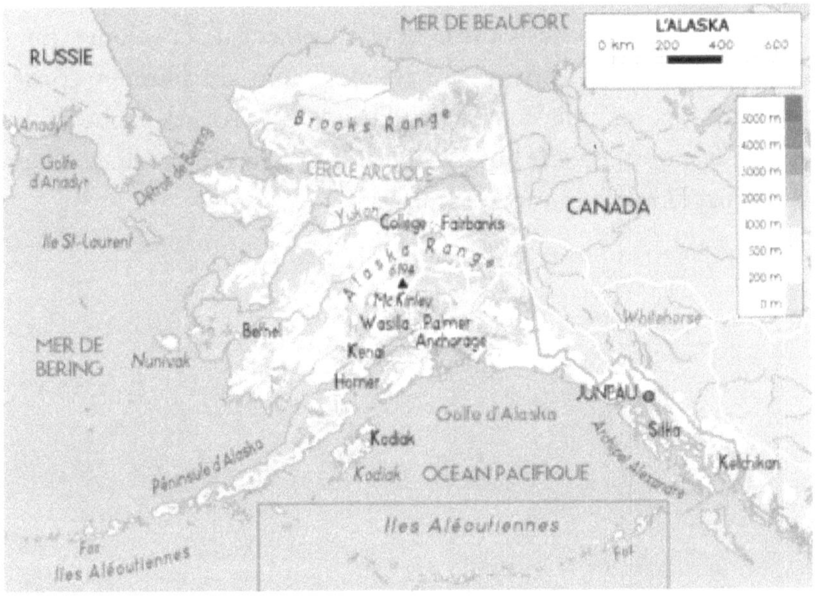

L'ouverture des immenses territoires du nord offrait à l'Église orthodoxe un champ d'activité missionnaire incomparable. Venant après les chasseurs de zibelines, et défendant les populations indigènes contre les mauvais traitements que leur infligeaient ces derniers, les prêtres et les moines russes s'installaient volontiers dans les villages, traduisant l'Évangile et la liturgie dans une multitude de dialectes sibériens. Et ce fut l'un d'eux, le père Hilarion, qui avait accompagné Béring, qui célébra la première liturgie en Amérique, le jour de la fête du saint prophète Élie, soit le 20 juillet 1741.

Pendant cinquante ans, l'Alaska fut livré aux mains de trappeurs sans vergogne, qui malmenaient les populations aléoutiennes. Mais, au milieu même de cette incessante guérilla, souvent accompagnée d'atrocités, les signes avant-coureurs d'une future stabilité pointaient à l'horizon. C'est ainsi qu'en 1747, le chasseur Nevodtchikov baptisait un jeune Aléoute. Puis, en 1763, Étienne Glotov s'installait à Kodiak, suivi vingt ans plus tard par Grégoire Cheliko, véritable père fondateur. Ce dernier devait baptiser à son tour une quarantaine de personnes. Il fit également appel aux autorités du monastère de Valaam (dans la Finlande actuelle) afin qu'ils lui envoient de nouveaux missionnaires, pour l'assister dans le développement de la colonie. En 1791, l'Alaska devenait officiellement partie intégrante de l'Empire russe, qui s'étendait dès lors sur trois continents. Deux ans plus tard, l'abbé de Valaam désignait huit moines dans le but d'évangéliser la nouvelle province. Ce groupe était dirigé par l'Archimandrite Joasaph.

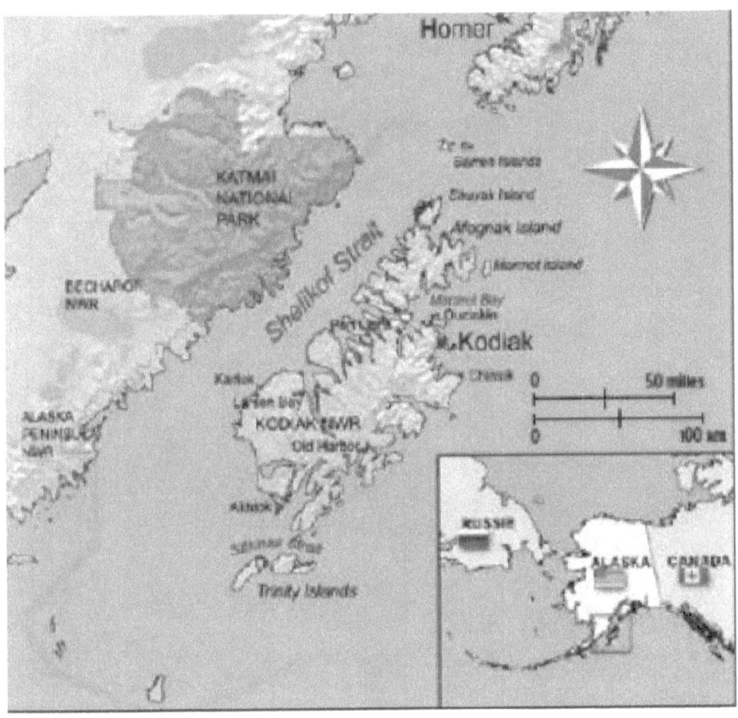

C'est ainsi qu'en septembre 1794, les nouveaux missionnaires débarquaient à Kodiak, y fondant la première paroisse orthodoxe, dédiée à la Sainte Résurrection : l'Église d'Amérique était née ! La mission naissante connut son premier baptême de sang en la personne du saint père Juvénal, lorsqu'en 1796, celui-ci recevait la couronne du martyre des mains des autochtones du lac Illiamna. Une fin tragique attendait également le chef de la jeune mission, Joasaph, et deux de ses compagnons ; c'est ainsi qu'en 1799, alors qu'ils revenaient tous les trois d'Irkoutsk, où Joasaph avait été consacré évêque auxiliaire de Kodiak, lui-même et les moines Macaire et Étienne périssaient en mer. On ne désigna pas pour autant de successeur à Mgr Joasaph, et quarante ans devaient s'écouler avant que l'Amérique ne se dote d'un nouvel évêque.

L'icône de saint Germain

L'ermitage de saint Germain

Le tombeau de saint Germain

Ces années difficiles, pendant lesquelles la jeune mission semblait plutôt végéter, connurent néanmoins une nouvelle et extraordinaire effusion de l'Esprit. Ainsi, le dernier survivant du groupe fondateur, le moine Germain, se retirait dans la solitude de l'île Spruce, pour y fonder l'ermitage de la Nouvelle Valaam, où il vécut d'ailleurs jusqu'en 1837, s'exerçant à la discipline monastique des pères du désert, et attirant à lui la population locale ; population qui sut reconnaître en lui une authentique sainteté, lui décernant le beau nom d'Apa (père). En août 1970, l'Église procédait à la canonisation de saint Germain de l'Alaska, thaumaturge de toute l'Amérique. En 1812, les Russes fondèrent un petit établissement en Californie. Cette nouvelle colonie de Fort Russ, vendue aux Américains en 1840, devint le théâtre d'un événement qui allait magnifiquement illustrer la solidité de la foi orthodoxe des nouveaux chrétiens d'Alaska. C'est ainsi qu'en 1815, un groupe d'Aléoutes, convertis par saint Germain, était séquestré par des franciscains espagnols, non loin de San Francisco. Refusant de devenir catholiques romains, ils furent tous soumis à l'inquisition, et l'un d'eux, maintenant vénéré sous le nom de saint martyr Pierre l'Aléoute, périssait démembré ; seule

L'intervention rapide du gouverneur de Monterey sauva ses compagnons d'un sort analogue.

L'icône de saint Pierre l'Aléoute

Regorgeant de martyrs et de mystiques, le nouveau troupeau de l'Église avait maintenant besoin d'un saint pasteur. À cette tâche, le Seigneur désigna le père Jean Veniaminov, qui prit en charge la paroisse de l'île d'Unalaska en 1824. Pendant dix ans, ce jeune prêtre bâtit une église, une école et un orphelinat, créa un alphabet aléoute et traduisit l'Évangile selon saint Matthieu ainsi que la Divine Liturgie. En 1834, le père Jean fut transféré dans la capitale de la colonie, la Nouvelle-Arkhangelsk (Sitka).

La cathédrale Saint-Michel, 1887 ; brûlée en 1966 ; reconstruite en
1978

La cathédrale Saint-Michel, reconstruite en 1978

Rentré en Russie pour rendre de compte de l'état de la mission, il reçut la tonsure monastique après le décès de sa femme. Il fut finalement consacré évêque du nouveau diocèse du Kamtchatka en 1840. Mgr Innocent, comme on l'appelait désormais, installa le siège de son diocèse à Sitka, où fut établi un séminaire en 1845 et où fut consacrée la cathédrale Saint-Michel en 1848. Le siège du diocèse ayant été transféré à Yakoutsk en 1858, Mgr Innocent s'y déplaça avec le séminaire, laissant un évêque auxiliaire responsable de l'Alaska. Nommé métropolite de Moscou, il mourut à ce poste en 1879. L'Église l'a ensuite canonisé sous le nom de saint Innocent Apôtre en Amérique.

Une photo de saint Innocent

L'icône de saint Innocent

Une photo de saint Innocent

Une photo de saint Innocent, son fils et son petit-fils

Au moment où Mgr Innocent regagnait l'Ancien Continent, l'Église d'Alaska comptait 15 000 fidèles, répartis en neuf paroisses et trente-cinq chapelles. L'œuvre missionnaire de ce grand pasteur fut poursuivie par son successeur, l'évêque auxiliaire Pierre, qui administra le diocèse de 1859 à 1867, ouvrant des écoles et évangélisant la région du détroit de Béring. On n'a pas encore élucidé l'ensemble des considérations qui poussèrent le gouvernement impérial à vendre l'Alaska aux Américains. Ainsi, en octobre 1867, la Russie d'Amérique passait à l'histoire et son Église se trouvait maintenant confrontée, pour la première fois, à une douloureuse expérience de rupture. L'épiscopat de Mgr Paul (1867-1870) fut dédié à empêcher la dislocation de l'Église, secouée par le départ d'un grand nombre de résidents russes, et sous les coups de la mauvaise volonté des nouvelles autorités. Une merveilleuse aventure prenait fin, mais une autre commençait, enracinée en Alaska, et désormais ouverte sur l'Amérique tout entière.

Des Russes et Américains négocient la vente de l'Alaska

Chapitre II : Le diocèse d'Amérique 1870-1924

En achetant l'Alaska, les Américains étaient loin de se douter qu'ils héritaient en même temps d'une Église. Ainsi, le dernier diocèse de Russie devenait le premier diocèse d'Amérique, au moment précis où des immigrants grecs et russes commençaient à fonder des paroisses aux États-Unis. En 1864, la communauté grecque de La Nouvelle-Orléans se dotait d'une paroisse, qui se rattachait à la juridiction d'Athènes.

Première paroisse orthodoxe à San Francisco, 1868

En 1868, les orthodoxes de San Francisco fondaient une paroisse, et se plaçaient sous la direction de l'évêque russe. Ils furent imités en cela par leurs frères de New York, en 1870.

Premières paroisses orthodoxes à New York, 1870

La cathédrale orthodoxe Saint-Nicolas, New York

L'établissement de paroisses dans les métropoles des deux côtes des États-Unis, de même que l'intégration de l'Alaska dans le territoire américain, incitèrent les autorités du Saint Synode de Russie à transformer en diocèse de plein droit le vicariat de Sitka. En juin 1870, Mgr Jean devenait le premier évêque des Aléoutiennes et de l'Alaska. Deux ans plus tard, il transférait le siège du diocèse à San Francisco. Bien qu'on n'ait pas parlé officiellement du diocèse d'Amérique du Nord qu'à partir de 1900, c'était pourtant bien cela qu'était devenu l'évêché de l'Alaska, dès 1870. Les années qui suivirent la création du diocèse furent marquées par la lente mise en place des structures indispensables à son développement. Mgr Jean (1870-1876) déploya tous ses efforts à organiser la paroisse de San Francisco. Il fit également des recherches sur les groupes religieux américains, dans le but de faire connaître aux habitants du Nouveau Monde la vérité de l'orthodoxie. Son successeur, Mgr Nestor (1879-1882), ancien officier de la Marine impériale, s'intéressa surtout aux paroisses négligées de l'Alaska. Il mourut en mer, à l'embouchure du Yukon.

Le Saint Synode mit six ans à désigner un successeur à Mgr Nestor. Mais on rattrapa vite le temps perdu. Mgr Vladimir (1887-1891) profita de son court épiscopat pour traverser trois fois le continent américain, pour établir une école pastorale, adapter le chant liturgique russe à la langue anglaise et, mieux encore, il reçut dans le sein de l'Église la première d'une longue série de paroisses uniates, qui désiraient renouer ardemment avec leur tradition. En 1891, le père Alexis Toth, recteur de la paroisse uniate de Minneapolis, demandait d'être admis, avec sa communauté, dans le diocèse orthodoxe. Les uniates, originaires d'Ukraine occidentale, étaient en butte aux menées latinisantes de l'épiscopat romain ; ne pouvant faire respecter leurs propres rites, ils furent nombreux à suivre l'exemple du père Alexis, et revenir ainsi à la foi de leurs pères.

L'icône de saint Alexis Toth

Une photo de saint Alexis Toth

Le retour de ces uniates dans le sein de l'Église fut facilité par le nouvel évêque, Mgr Nicolas (1891-1898), administrateur énergique et inspiré. Durant son épiscopat, Mgr Nicolas reçut dans l'Église douze paroisses uniates, du Nord-Est et du Centre-Ouest des États-Unis, dont celles de Chicago et de Pittsburgh, qui allaient devenir les sièges de futurs diocèses. Ajoutons à son mérite, la fondation de nombreuses paroisses russes, grecques, serbes et syriennes. Nous verrons comment l'Église devenait rapidement un organisme à caractère multiethnique, dont les ramifications iraient jusqu'à s'étendre à l'ensemble du territoire nord-américain.

Cet organisme avait besoin de développer des structures plus élaborées. En 1896, il se dota d'un journal : le *Russian Orthodox American Messenger*.

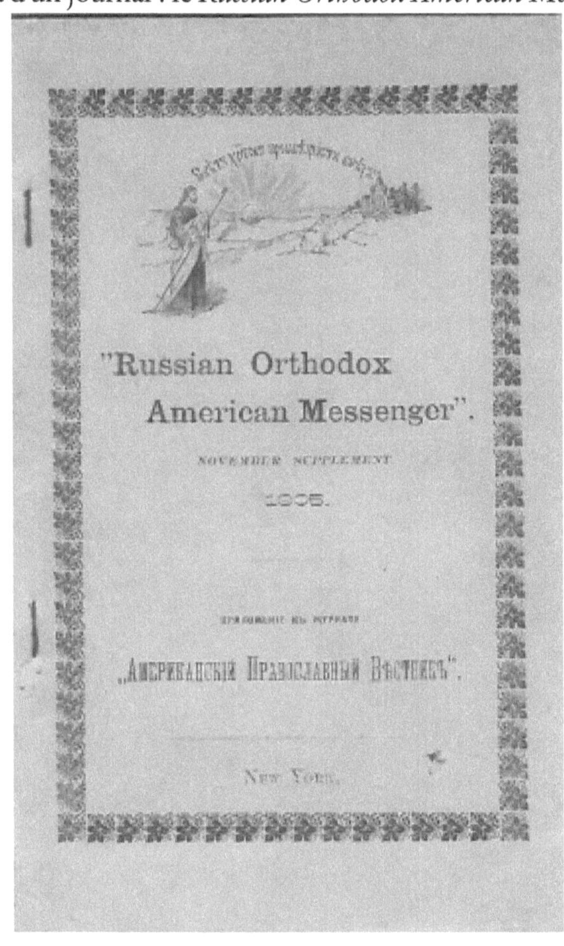

Le messager américain russe orthodoxe

L'année suivante, l'École missionnaire de Minneapolis remplaçait la petite école pastorale de San Francisco. C'est aussi en 1897 que fut fondée la première paroisse au Canada, Vostok, en Alberta.

La première paroisse orthodoxe au Canada, Vostok, Alberta, 1897

L'Alaska ne fut pas non plus oublié au milieu de cette expansion continentale : en novembre 1897, Mgr Nicolas présentait ses doléances au président McKinley, concernant les vexations que subissaient les fidèles d'Alaska de la part des compagnies américaines et des groupes protestants que ces dernières favorisaient.

Mgr Nicolas retourna en Russie en 1898 ; on lui désigna comme successeur un jeune évêque, Mgr Tikhon, qui allait devenir l'une des plus grandes figures de l'orthodoxie contemporaine. Celui-ci, futur patriarche de Moscou, arriva à New York en décembre 1898. Il mit deux semaines pour rejoindre son siège à San Francisco, profitant du voyage pour visiter des paroisses, dont celle de Chicago. Ayant constaté un manque d'églises convenables dans ces métropoles de l'Est et du Centre des États-Unis, il mit tout en œuvre pour remédier à cette situation : ainsi, en 1902, la cathédrale Saint-Nicolas de New York était consacrée, et l'église de Chicago l'année suivante.

L'icône de saint Tikhon

Une photo de saint Tikhon

La cathédrale orthodoxe de la Sainte-Trinité, Chicago, 1904

Il est difficile de résumer en quelques lignes l'œuvre colossale accomplie par Mgr Tikhon. Conscient des transformations qui s'étaient opérées depuis trente ans, il donna au diocèse le nom de diocèse d'Amérique du Nord, en 1900 ; il fit également transférer son siège à New York, en 1905, un an avant le séisme qui devait ravager San Francisco et détruire la cathédrale de cette ville. Également conscient de l'immensité du diocèse, il désigna des évêques auxiliaires à Sitka, pour les fidèles de l'Alaska (1903) ; puis à Brooklyn, pour les paroisses de langue arabe (1904) ; amorçant ainsi le processus qui devait transformer le diocèse en un district métropolitain comprenant un certain nombre de diocèses de taille normale.

À côté de cette évolution structurelle se poursuivait le développement institutionnel. En 1905, l'École pastorale était transférée à Cleveland, et ses locaux passaient aux mains du nouveau Séminaire de théologie orthodoxe de Minneapolis. La même année, le hiéromoine Arsène restaurait la vie monastique en Amérique, lui-même se retrouvant à la tête du monastère de Saint-Tikhon, à South Canaan en Pennsylvanie.

Le monastère de Saint-Tikhon, à South Canaan en Pennsylvanie

Enfin, un mois avant son départ, en mars 1907, Mgr Tikhon convoquait le premier Sobor (concile) panaméricain à Mayfield en Pennsylvanie. Suite aux discussions sur la responsabilité missionnaire de l'Église et la nécessité d'un statut officiel, la jeune Église prenait peu à peu conscience d'être plus qu'un diocèse russe, plus qu'une mission, mais d'être devenue l'Église locale d'Amérique.

Premier Sobor (concile) de l'Église nord-américaine
Mayfield, Pennsylvanie, 1907

C'est le développement de cette conscience qui constitue l'élément le plus significatif et le plus durable de l'œuvre de Mgr Tikhon ; car il aura conféré un sens authentique aux multiples structures et institutions qu'il aura laissées sur son passage. Jetant un regard prophétique sur la jeune Église d'Amérique, il avait compris mieux que quiconque que celle-ci était appelée à regrouper en son sein des orthodoxes de nationalités différentes, tout en prenant le temps nécessaire pour s'enraciner dans sa terre d'adoption. Dans un rapport au Saint Synode de Russie en 1905, il envisageait déjà comme un aboutissement naturel de l'évolution de son diocèse que celui-ci s'érigerait un jour en Église autocéphale. Toutefois, cette vision devait mettre du temps à se réaliser, car la jeune Église allait nécessairement traverser d'innombrables épreuves. Mais le saint évêque Tikhon avait vu juste, et avait su donner à son diocèse tous les moyens nécessaires pour les surmonter. Les successeurs immédiats de Mgr Tikhon poursuivirent son œuvre. Mgr Platon (1907-1914) fonda la Société des immigrants chrétiens russes orthodoxes en 1908, puis la Société des zélotes de l'orthodoxie en 1912. La même année, il fit transférer le séminaire à Tenafly au New Jersey. Sous l'épiscopat de Mgr Eudocime (1914-1919), deux nouveaux vicariats furent créés en 1916, un à Winnipeg pour les fidèles du Canada, et l'autre à Pittsburgh pour les communautés carpatho-russes ; ce qui portait à quatre le nombre des auxiliaires de l'archevêque d'Amérique.

Au début de l'année 1917, le diocèse d'Amérique du Nord comptait 322 paroisses de huit nationalités différentes. À côté des Russes se trouvaient les Syriens, dont la mission fondée en 1895 était devenue un vicariat en 1904 ; les Carpatho-Russes pourvus d'un vicariat en 1916 ; les Serbes, les Roumains, les Albanais et les Bulgares, dotés de missions, respectivement fondées en 1892, 1904, 1908 et 1909 ; les Grecs de l'Ouest des États-Unis qui se rattachaient aussi à ce diocèse, tandis que ceux des états de l'Est relevaient directement d'Athènes. Le refus des paroisses grecques fondées à partir de 1890 de reconnaître l'autorité de l'épiscopat russe laissait présager des problèmes d'ordres ethniques qui n'allaient pas tarder à remettre en question l'existence même du diocèse.

En plus des particularités de chaque ethnie, difficiles à gérer, Mgr Eudocime devait également faire face à de grandes difficultés financières : l'administration du diocèse et de ses nombreuses institutions coûtait cher, et les subventions russes n'égalaient jamais le montant des dépenses encourues, qui ne cessaient de croître. C'est avec ces préoccupations en tête qu'en août 1917 l'archevêque partit assister au Concile de l'Église russe, réuni pour redéfinir son rôle dans la Russie post-tsariste. En son absence, l'administration des affaires courantes échouait à Mgr Alexandre, alors évêque du Canada.

Mgr Alexandre Nemolovsky

Saints Raphael, Tikhon et Mgr Alexandre

Les travaux du Concile russe furent bouleversés par la révolution d'Octobre. Deux semaines après cet événement, l'Église russe élisait un patriarche en la personne de Mgr Tikhon. En 1919, Mgr Eudocime était nommé archevêque de Nijegorod, et l'Église d'Amérique devait à son tour élire son évêque, comme tous les diocèses russes depuis le Concile.

Le 2ᵉ Sobor panaméricain se réunit à Cleveland en février 1919, où Mgr Alexandre fut élu archevêque d'Amérique du Nord. Ce dernier, confirmé dans ses fonctions par l'Église russe en août 1920, fut confronté à des problèmes presque insurmontables, qui dépassaient de loin ses compétences administratives. L'arrêt soudain des subventions russes avait laissé le diocèse sans source de revenus, avec une dette qui atteignait 200 000 $ en 1919. Tandis que le nouvel archevêque s'apprêtait à vendre sa cathédrale, le dernier ambassadeur de la Russie impériale aux États-Unis, Boris Bakhmetev, mit sur pied la Société d'aide à l'Église russe, ce qui permit de combler le déficit et à sauver le diocèse. Conscient de ses limites, Mgr Alexandre préféra quitter l'Amérique en juin 1922. En novembre de la même année, le troisième Sobor panaméricain se réunit à Pittsburgh, et élit Mgr Platon à la tête du diocèse, qu'il avait d'ailleurs administré avant la Guerre. Après son départ d'Amérique, Mgr Platon occupa plusieurs fonctions dans l'Église russe, devenant métropolite d'Odessa.

En 1920, il regagna le Nouveau Continent. Le nouveau prélat, confirmé par l'Église russe en septembre 1923, dut faire face à une situation catastrophique. L'évêque auxiliaire de Pittsburgh se proclamait administrateur du diocèse, en même temps que le père Jean Kedrovski prenait la tête de « l'Église vivante », rattachée au groupe qui venait de s'emparer du patriarcat de Moscou, avec la complicité des bolcheviks.

Père Jean Kedrovsky de l'Église vivante

« Monseigneur » Jean Kedrovsky de l'Église vivante

Nommé « archevêque » en 1923, Kedrovski parvint à obtenir des tribunaux américains la cathédrale Saint-Nicholas, en tant que représentant de l'Église approuvée par le gouvernement russe. Malgré cela, neuf dixièmes des paroisses restèrent fidèles à Mgr Platon, qui dut néanmoins se doter d'une nouvelle cathédrale à New York, et aussi fermer le Séminaire à cause d'un manque de fonds. Comble de malheur, des rumeurs commençaient à circuler voulant que le régime soviétique eût influencé le patriarche Tikhon, de telle sorte que celui-ci retirait sa confiance à l'archevêque d'Amérique, pour le rappeler en Russie. Pour mettre un terme à cette confusion, Mgr Platon convoquait le 4ᵉ Sobor panaméricain.

Le Sobor, réuni à Détroit en février 1924, décida de se prévaloir du Décret de l'Église russe de novembre 1920, dans lequel le Patriarche Tikhon autorisait les diocèses hors frontières à se constituer en administration autonome, si la situation ne permettait plus de relations normales avec l'Église-mère. C'est ainsi que le diocèse d'Amérique du Nord devenait une Église autonome, dirigée par un synode d'évêques et présidé par un métropolite. Mgr Platon fut de nouveau confirmé dans ses fonctions à titre d'archevêque de New York et métropolite de toute l'Amérique et du Canada. L'œuvre de reconstruction pouvait dès lors commencer.

Si le diocèse avait su résister à la crise, cette dernière avait malheureusement été fatale à l'unité des orthodoxes d'Amérique. À l'exception du diocèse syrien de Brooklyn qui réussit à survivre jusqu'en 1934, toutes les communautés non russes s'étaient placées sous la juridiction de leurs Églises nationales respectives. Plus grave encore, le patriarcat œcuménique de Constantinople avait fondé en 1922 un nouveau diocèse grec d'Amérique, brisant ainsi l'unité épiscopale qui avait toujours existé dans le Nouveau Monde. L'Amérique était devenue une « terre de colonisation » où chaque Église autocéphale enverrait son propre évêque pour s'occuper de ses ressortissants. Chaque juridiction nationale se développait désormais en vase clos, sans se soucier des autres, et encore moins d'une quelconque missionnaire. La période qui s'ouvrait allait être moins brillante que la précédente, faite de divisions et de conflits sauvages et mesquins. Malgré tout, le germe semé par Mgr Tikhon allait poursuivre sa croissance et donner d'étonnants résultats.

Chapitre III : l'Église autonome d'Amérique, 1924-1970

Le départ des paroisses non russes et l'arrivée de nombreux émigrants russes avaient contribué à accentuer le caractère ethnique de l'Église d'Amérique, au moment précis où celle-ci rompait ses liens administratifs avec l'Église de Russie. C'est donc des problèmes issus des communautés russes dont allaient s'occuper avant tout Mgr Platon, et aussi ses successeurs immédiats.

Le patriarche Tikhon, prisonnier des soviets, ne put réagir à la déclaration d'autonomie de 1924. Il mourut en avril 1925. La direction de l'Église russe passait ainsi aux mains du métropolite Serge, qui exigeait de son clergé une promesse de loyauté au gouvernement soviétique. Cette condition étant évidemment inacceptable aux yeux de Mgr Platon, Moscou nomma son propre évêque en Amérique du Nord, en 1933. Même si ce nouveau diocèse ne contrôla jamais qu'une minorité des paroisses russes d'Amérique, il n'en fut pas moins reconnu comme l'autorité russe légitime par les autres Églises orthodoxes autocéphales, qui restaient en communion avec l'Église de Russie.

Contestée, à gauche, par Moscou, la légitimité de Mgr Platon fut aussi remise en question, à droite, par le Synode russe hors frontières. Cet organisme, formé d'évêques immigrants et tsaristes, qui avait pourtant été dissous par le patriarche Tikhon en mai 1922, n'en continua pas moins à se prétendre la seule Église russe légitime. Son Synode, établi à Karlovtsi en Serbie, voulait imposer son autorité à Mgr Platon ; ce dernier s'opposant à cet abus de pouvoir, ce Synode nomma un autre évêque d'Amérique, en 1926.

Congrès des évêques russes orthodoxes du synode hors frontières
Sremski Karolovci, Serbie

Ainsi à la fin de sa vie, Mgr Platon se retrouvait encerclé par de deux concurrents, qui se réclamaient chacun une branche officielle de l'Église russe, mais qui se vouaient mutuellement aux enfers. Refusant à la fois de condamner l'Église de Moscou, avec laquelle il restait en communion spirituelle, et de se placer dans la mouvance de l'état soviétique, à la fois fort de sa légitimité et conscient de son indépendance, le métropolite d'Amérique sut néanmoins préserver l'héritage tikhonien jusqu'à sa mort en 1934.

Les querelles de juridiction n'absorbèrent pas pour autant toutes les énergies de l'Église, qui poursuivait son effort d'organisation. En 1930, ses évêques avaient proclamé l'Amérique du Nord district métropolitain, ce qui signifiait que les anciens vicariats devenaient des diocèses de plein droit. L'Église était alors constituée de diocèses territoriaux (russes), de New York, de Détroit, de Chicago, de San Francisco, de Winnipeg et de Sitka, ainsi que d'un diocèse national pour les Syriens à Brooklyn, mais qui disparut par la suite en 1934. De nouveaux diocèses furent créés à Pittsburgh en 1933 et à Boston en 1935.

Une photo de saint Raphaël

L'icône de saint Raphaël

En novembre 1934, le 5ᵉ Sobor panaméricain se réunissait à Cleveland pour élire le successeur de Mgr Platon, décédé en avril de la même année. Le choix de l'Église se porta sur l'évêque de San Francisco, Mgr Théophile, qui allait diriger la métropole jusqu'à sa mort en 1950. Soucieux d'unité ecclésiale, le nouveau métropolite se réconcilia avec le Synode de Karlovtsi, dont les évêques d'Amérique rejoignaient du même coup les rangs de la métropole. En octobre 1937, le 6ᵉ Sobor panaméricain, réuni à New York, approuva cette union, à contrecœur (la majorité des délégués préférant s'abstenir), mais à la condition que l'autonomie de l'Église d'Amérique ne soit pas remise en cause. Le Sobor adopta également les statuts de l'Église et décida la réouverture du séminaire et de l'école pastorale fermés en 1923. Puis, en octobre 1938, le Séminaire Saint-Vladimir de New York et l'école pastorale de Saint-Tikhon en Pennsylvanie ouvraient leurs portes aux jeunes Américains désireux de servir l'Église à l'intérieur du clergé.

La Deuxième Guerre mondiale interrompit la vie normale des orthodoxes, comme celle de l'ensemble de leurs compatriotes. Cet événement tragique eut malgré tout une conséquence heureuse : désireux d'unifier le peuple russe contre l'envahisseur, le gouvernement soviétique autorisa la restauration du patriarcat de Moscou. Mgr Serge eut à peine le temps d'être élu patriarche avant de mourir en 1944, et les évêques russes lui donnèrent pour successeur Mgr Alexis, homme pieux qui ne s'était pas compromis avec le régime. L'Église d'Amérique réagit favorablement à la restauration du patriarcat russe. Le 7ᵉ Sobor panaméricain, réuni à Cleveland en novembre 1946, reconnut la suprématie spirituelle du patriarche. Alexis, en lui demandant de normaliser les relations entre les deux Églises et de confirmer l'indépendance administrative de la métropole, déjà proclamée en 1924. Mais l'Église russe n'était pas encore prête à accepter ce fait accompli, et vingt-cinq années devaient s'écouler avant que survienne la réconciliation espérée. La reconnaissance du patriarcat provoqua la rupture, définitive cette fois, entre la métropole et le Synode en exil, qui établit dès lors son siège aux États-Unis en 1950, et accrut le nombre de ses fidèles avec la deuxième vague d'immigration russe qui suivit la Guerre.

La métropole profita elle aussi de l'arrivée de nombreux Russes d'Europe et d'Extrême-Orient ; parmi lesquels se trouvaient des diplômés de l'Institut Saint-Serge de Paris : les pères Schmemann et Meyendorff, qui firent du Séminaire Saint-Vladimir (devenu Académie de théologie en 1948) une plaque tournante dans la vie intellectuelle et la réflexion théologique, et dont l'influence allait s'étendre à travers tout le monde orthodoxe.

Pères Meyendorff et Schmemann à la chapelle du séminaire, 121e Street, New York

Père Jean Meyendorff Père Alexandre Schmemann

En décembre 1950, le 8ᵉ Sobor panaméricain se réunit à New York pour désigner un successeur à Mgr Théophile, décédé en juin de la même année. Le choix des délégués s'arrêta à l'unanimité sur le vénérable évêque de Chicago, Mgr Léonce, arrivé en Amérique en 1906 avec l'archevêque Tikhon.

Aux quinze années d'administration du nouveau métropolite coïncidait une période de grande prospérité aux États-Unis. Le développement paisible et progressif de l'Église témoigne de la sérénité, peut-être un peu terne, de cette époque. Les neuvième, dixième et onzième Sobors panaméricains se réunirent respectivement à New York en 1955, 1959 et 1963, précisant toujours davantage les statuts de l'Église. En 1960, le diocèse roumain d'Amérique demandait d'entrer dans la juridiction de la métropole : l'Église commençait donc à retrouver son caractère multinational, d'avant 1917 ; et à redevenir un point de ralliement pour tous ceux qui prenaient conscience du caractère scandaleux des divisions ethniques et politiques des orthodoxes du Nouveau Monde.

Les jeunes générations d'Amérique n'arrivaient plus à comprendre les « raisons » des divisions ecclésiastiques, fondées sur des particularismes nationaux européens. Conscientes de ce problème et de la nécessité de sauvegarder l'unité de l'Église, les différentes juridictions fondèrent en mars 1960 la SCOBA (Conférence permanente des évêques orthodoxes canoniques). En 1965, cet organisme proposa de se transformer en synode épiscopal d'une Église américaine unifiée, mais sous la présidence de l'archevêque grec, et à laquelle le patriarcat œcuménique accorderait l'autocéphalie : mais Moscou s'opposa à ce projet, et Constantinople ne s'y intéressa plus, préférant s'occuper du maintien des diocèses ethniques sous la juridiction de leurs métropoles respectives.

En septembre 1965, le douzième Sobor panaméricain se réunissait à New York pour élire un successeur au métropolite Léonce, décédé en mai de la même année. Le choix des délégués s'arrêta sur l'archevêque de Boston, Mgr Irénée. L'année suivante, ce dernier adressait aux patriarches orthodoxes une demande de soutien en vue de l'unité de l'Église dans le Nouveau Monde ; mais leurs réactions négatives firent comprendre aux Américains qu'ils devaient régler leurs problèmes eux-mêmes. En novembre 1967, le treizième Sobor réuni à New York exprima son désir de voir la métropole prendre le nom « d'Église orthodoxe en Amérique », plutôt que celui « d'Église catholique grecque orthodoxe russe en Amérique du Nord ». Les évêques s'opposèrent à l'application immédiate de cette appellation, car elle supposait une autocéphalie, que seule l'Église russe pouvait accorder, étant celle qui l'avait fondée en terre américaine.

De 1968 à 1970, des négociations ardues se déroulèrent entre la métropole et le patriarcat de Moscou, désormais prêt à envisager l'autocéphalie américaine. Il fallut beaucoup d'efforts de la part du métropolite Nicodème de Leningrad pour que les deux Églises séparées depuis un demi-siècle en viennent à un accord. Le 10 avril 1970, une semaine avant sa mort, le Patriarche Alexis conférait l'autocéphalie à la métropole, qui prenait finalement le nom d'Église orthodoxe en Amérique.

Le métropolite Pimen (plus tard patriarche) présente le Tomos d'autocéphalie
à Mgr Théodose (plus tard métropolite), 1970.

Chapitre IV : l'Église autocéphale en Amérique depuis 1970

Le tomos d'autocéphalie signé par le patriarche et les évêques du Saint Synode de Russie fut remis à Mgr Théodose d'Alaska, à Moscou le 18 mai 1970. Par ce document, l'Église russe abolissait son diocèse d'Amérique du Nord et reconnaissait la légitimité historique de la métropole, issue du Sobor de 1924, en plus de lui accorder l'autocéphalie. Le 9 août, l'Église se réunissait à Kodiak pour canoniser saint Germain d'Alaska. En octobre, le quatorzième Sobor réuni au monastère de Saint-Tikhon proclamait officiellement l'autocéphalie de la métropole. Il s'agissait donc du 1er Concile panaméricain de l'Église orthodoxe en Amérique. Un an plus tard, le 2e Concile panaméricain réuni au même endroit adoptait les statuts de l'Église.

Une fois l'autocéphalie proclamée, le métropolite Irénée lançait un appel à l'unité à tous les orthodoxes du continent. Le diocèse albanais, héritier de la mission créée en 1908 sous la protection de Mgr Platon, fut le premier à répondre à l'appel et à rejoindre les rangs de l'Église en Amérique ; suivi en 1971 d'un diocèse bulgare, portant ainsi à trois le nombre des diocèses nationaux s'ajoutant aux neuf autres diocèses territoriaux d'origine russe.

Les réponses vinrent aussi d'origines inattendues. En 1972, un évêque vieux-catholique mexicain, Mgr Joseph, demanda d'être admis avec son diocèse dans l'Église orthodoxe. L'autocéphalie américaine étant limitée aux activités des Églises des États-Unis et du Canada, on créa l'exarchat du Mexique, administré par l'évêque auxiliaire de Mexico, sous la protection canonique d'un évêque des États-Unis. Quelques paroisses d'Amérique du Sud et d'Australie rejoignaient également la juridiction nord-américaine. Le troisième Concile panaméricain réuni à Pittsburgh en novembre 1973 consolida l'œuvre administrative amorcée deux ans plus tôt, et le quatrième réuni à Cleveland en novembre 1975 se pencha sur la responsabilité missionnaire de l'Église.

5ᵉ Sobor panaméricain, Montréal, Québec, novembre 1977

L'activité missionnaire fut aussi à l'ordre du jour du cinquième Concile panaméricain, réuni à Montréal, Québec en novembre 1977. Réunis pour la première fois au-delà des frontières des États-Unis, et à cette occasion, les délégués jugèrent bon d'élire un successeur au métropolite Irénée, qui prenait sa retraite à 85 ans (il devait trouver le repos en mars 1981). Leur choix se porta sur l'évêque de Pittsburgh, Mgr Théodose, celui-là même qui avait reçu le tomos d'autocéphalie. Ce Concile eut aussi des conséquences locales : en 1978, ses principaux organisateurs fondèrent une mission à Montréal, le Signe de la Théotokos, offrant des services en anglais et en français, et de laquelle naquit en juin 1981 la Fraternité orthodoxe de Saint-Jean-le-Précurseur, vouée à faire connaître la foi orthodoxe au Canada français.

Le Signe de la Théotokos, Montréal, Québec, Canada

Nº 10 de la publication de la Fraternité orthodoxe de Saint-Jean-le-Précurseur
février 1987

De cette première communauté missionnaire, à caractère surtout anglophone, naissait une deuxième petite mission, cette fois à caractère francophone : ainsi, la mission Saint-Benoît-de-Nursie voyait le jour, en septembre 1984.

La paroisse orthodoxe Saint-Benoît-de-Nursie
Montréal, Québec, Canada

Depuis 1924, les métropolites d'Amérique étaient tous archevêques de New York, et devaient administrer ce diocèse populeux en plus de voir à l'ensemble de l'Église. Lors du sixième Concile panaméricain, réuni à Détroit en novembre 1980, il fut décidé que le métropolite porterait désormais le titre d'archevêque de Washington, et n'aurait à s'occuper que de quelques paroisses du District fédéral, pouvant ainsi consacrer plus de temps à ses responsabilités panaméricaines.

Lors du Concile de Détroit, l'Église orthodoxe en Amérique comptait treize diocèses et un exarchat. Les diocèses étaient les suivants : Washington, New York et New Jersey (à New York); Nouvelle-Angleterre (à Hartford) ; Pennsylvanie orientale (à Philadelphie) ; Pennsylvanie occidentale (à Pittsburgh) ; Midwest (à Chicago) ; le Sud des États-Unis (à Dallas) ; Ouest des États-Unis (à San Francisco) ; Canada (à Montréal) ; Alaska (à Sitka) ; ainsi que les diocèses roumain (à Détroit), albanais (à Boston), et bulgare.

L'Église ne renonça jamais à sa volonté d'unité. Elle poursuit encore de nos jours des négociations en vue de réunir les différentes juridictions nationales, avec lesquelles elle continue à collaborer à l'intérieur de la SCOBA. Ainsi se poursuit l'effort incessant pour que se réalise un jour le rêve du saint évêque Tikhon : amener à maturité l'arbrisseau planté en terre d'Alaska par saint Germain et saint Innocent.

Chronologie
Chapitre I : 1794-1970

1648 Les Russes arrivent au détroit de Béring.

1741 Béring et Chirikoc découvrent l'Alaska ; 1[re]Liturgie célébrée en Amérique.

1791 L'Alaska devient une partie de l'Empire russe.

1794 Huit moines arrivent à Kodiak et fondent une paroisse.

1786 Le père Juvénal est martyrisé.

1799 Le 1er évêque, Mgr Joasaph, périt en mer.

1812 Les Russes établissent le Fort Russ en Californie.

1815 Pierre l'Aléoute est martyrisé.

1824 Le père Jean Veniaminov devient le pasteur à Unalaska.

1834 Le père Jean est transféré à Sitka.

1837 Le père Germain trouve le repos.

1840 Le père Jean Véniaminov est consacré évêque, et portera le nom de Mgr Innocent.

1858 Mgr Innocent est transféré à Yakoutsk.

1859—1867 Mgr Pierre administre le diocèse.

1867 Les Russes vendent l'Alaska aux Américains.

1867—1870 Mgr Paul guide le diocèse.

Chapitre II : 1870-1924

1870 Le diocèse des Aléoutiennes et d'Alaska est fondé.

1870—1876 Mgr Jean, évêque.

1872 Le siège du diocèse est transféré à San Francisco.

1879—1882 Mgr Nestor, évêque.

1882—1887 Le diocèse est sans évêque.

1887—1891 Mgr Vladimir, évêque.

1891 Le père Alexis Toth et sa paroisse uniate reviennent à l'orthodoxie.

1891—1898 Mgr Nicolas, évêque.

1896 Le journal « *Russian Orthodox American Messenger* » est fondé.

1897 La 1re paroisse orthodoxe du Canada est fondée à Vostok, Alberta.

1898—1907 Mgr Tikhon, évêque et futur Patriarche de Moscou.

1900 Le nom du diocèse est changé en diocèse d'Amérique du Nord.

1905 Le siège du diocèse est transféré à New York.

1907 Le 1er Sobor panaméricain du diocèse se réunit à Mayfield, en Pennsylvanie.

1907—1914 Mgr Platon, évêque.

1914—1919 Mgr Eudocime, évêque.

1916 Un évêque auxiliaire est nommé pour le vicariat de Winnipeg.

1919—1922 Mgr Alexandre, archevêque.

1919 Le 2e Sobor panaméricain se réunit à Cleveland, Ohio.

1922 Le 3e Sobor panaméricain se réunit À Pittsburgh, Pennsylvanie.

1922—1934 Mgr Platon, archevêque.

1924 Le 4e Sobor panaméricain à Détroit déclare l'autonomie administrative du diocèse.

Chapitre III 1924-1970

1925 Le patriarche Tikhon repose à Moscou.

1926 Le 1er évêque du Synode en exil est nommé pour l'Amérique.

1930 Le diocèse est transformé en district métropolitain à plusieurs diocèses.

1933 Le 1er évêque de l'Église de Moscou est nommé pour l'Amérique.

1934 Le 5e Sobor panaméricain se réunit à Cleveland, Ohio.

1934—1950, Mgr Théophile, métropolite.

1937 La métropole et le Synode en exil se réconcilient. Le 6e Sobor panaméricain à New York approuve l'union à contrecœur.

1938 Le séminaire Saint-Vladimir à New York et l'école pastorale Saint-Tikhon en Pennsylvanie s'ouvrent.

1944 Mgr Serge devient le 1er Patriarche de Moscou après le décès du patriarche Tikhon en 1925. Mgr Alexis lui succède comme patriarche à son décès.

1946 Le 6e Sobor panaméricain à Cleveland reconnaît la suprématie spirituelle du patriarche Alexis. La rupture définitive avec le Synode en exil se réalise : le Synode établit son siège à New York.

1950 Le 8e Sobor panaméricain à New York.

1950—1965 Mgr Léonce, métropolite.

1955 Le 9e Sobor panaméricain se réunit à New York.

1959 Le 10e Sobor panaméricain se réunit à New York.

1960 Le diocèse roumain d'Amérique se joint à la métropole. La Conférence permanente des évêques canoniques (SCOBA) est fondée.

1963 Le 11e Sobor panaméricain se réunit à New York.

1965 La SCOBA propose aux Églises-mères de se transformer en Saint Synode d'une Église nord-américaine. Le 12e Sobor panaméricain se réunit à New York.

1965—1977 Mgr Irénée, métropolite.

1967 Le 13e Sobor panaméricain exprime son désir de se nommer « Église orthodoxe en Amérique ».

1970 Le patriarche de Moscou accorde l'autocéphalie à la métropole.

64

Chapitre IV : Depuis 1970

1970 Saint Germain d'Alaska est canonisé. Le 14^{e}Sobor panaméricain au monastère Saint-Tikhon proclame l'autocéphalie et se transforme en 1^{er}Concile panaméricain de l'Église orthodoxe en Amérique. Le diocèse albanais se joint à l'EOA.

1971 Le 2e Concile de l'EOA adopte les statuts de l'Église. Le diocèse bulgare se joint à l'EOA.

1972 Mgr Joseph et ses fidèles vieux-catholiques du Mexique se joignent à l'EOA.

1973 Le 3e Concile se réunit à Pittsburgh.

1975 Le 4e Concile se réunit à Cleveland.

1977 Le 5e Concile se réunit à Montréal, Québec.

1977 Mgr Théodose, métropolite.

1980 Le 6^{e}Concile à Détroit change le titre du métropolite pour celui d'Archevêque de Washington au lieu de New York.

2.

Fragments de l'histoire des relations ecclésiastiques

entre la Russie et la France[2]

Père Augustin Nikitine

Les relations franco-russes remontent à l'époque du Baptême de la Russie kiévienne. De ce point de vue, les relations dynastiques internationales des princes de Kiev présentent un intérêt spécial, du moment que les alliances par mariage étaient conclues sur l'approbation de la hiérarchie ecclésiastique des parties intéressées.

En 1048, le roi de France Henri I décida de s'allier à la maison du prince Yaroslav le Sage, et à cette fin avait envoyé une délégation à Kiev avec à sa tête l'évêque Savoyard de Meaux. Les sources russes nous disent que Yaroslav avait une fille Anne qui naquit en 1032 ; c'est cette année que la *Chronique* de Nestor donne comme celle de la « naissance d'une fille » au prince de Kiev. Une fresque à la cathédrale Sainte-Sophie à Kiev représente Anne avec sa mère et ses sœurs.

Le mariage d'Anne et de Henri I fut célébré en 1049 à Reims, sanctuaire où traditionnellement les rois de France étaient couronnés. Dans la collection de manuscrits de la Bibliothèque nationale de Paris, il existe un document datant de cette époque et qui relate l'événement de ce mariage. On trouve aussi des références sur cette union dans un manuscrit du XVe siècle inclus dans les chroniques de Henri I. Ces manuscrits furent exposés en 1960 à Paris à l'occasion du Millénaire des relations franco-russes.

En 1053, Anne accoucha de son premier-né — le futur roi de France Philippe I. Tout en étant reine de France, Anne demeurait fille fidèle de l'Église. Pendant plusieurs décennies après 1054, le schisme entre Rome et Constantinople n'avait pas d'impact sur les relations quotidiennes entre les chrétiens appartenant aux traditions orientale et occidentale. En 1059, le pape Nicolas II écrivit une lettre à Anne, où il la louait pour sa piété et ses bonnes œuvres.

En 1060, à la mort de Henri I, son fils Philippe âgé de 7 ans lui succéda sur le trône de France et Anne fut nommée régente. À partir de cette date et au cours de plusieurs années, les documents émanant de la chancellerie royale sont signés conjointement par Philippe I et par Anne. Par exemple, Ia charte de donation à l'abbaye Saint-Denis en 1060 porte les deux signatures : de Philippe I et de sa mère : Agnae Reginae. Une autre charte accordée par Philippe I à l'abbaye Saint-Crespin porte également la signature de Anne.

La Bibliothèque nationale de Paris conserve une charte de Philippe I à l'abbaye de Soissons datant de 1063 et qui porte également les deux signatures : celle de Philipe en forme de croix, et celle de Anne, en caractères slaves. Le dernier document en date portant les deux signatures est de 1075, et c'est une charte au monastère de Pantelevois.

En 1060, après la mort de Henri I, Anne vivait au château de Senlis qui était sa résidence personnelle. Près du château furent érigés à ses frais une église et un couvent Saint-Vincent. Sur le portail de l'église, il y avait une sculpture représentant Anne avec une petite église qu'elle tient dans ses mains et l'offre au Seigneur. L'inscription sur cette sculpture dit qu'« Anne est retournée en la terre de ses aïeux ». Cette formule pas très explicite permet de supposer que sur la fin de sa vie Anne soit retournée à Kiev où elle aurait vécu, en accord avec les coutumes de l'époque, dans un couvent jusqu'à son décès. Si c'est exact, alors son départ de France n'a pu avoir lieu avant 1075. Mais il se peut fort bien qu'elle soit restée à Senlis et que l'année 1075 soit l'année de sa mort. Quoi qu'il en soit, le souvenir d'Anna Yaroslavna était vivant en France durant plusieurs siècles. Le monastère fondé par Anne à Senlis devait survivre jusqu'en 1789, et les augustiniennes du couvent célébraient chaque année un service commémoratif le jour de la mort de la fondatrice du couvent.

Jacques Margeret, qui a séjourné en Russie au début du XVIIe siècle, occupe une place éminente dans les relations franco-russes. Il fut un militaire de profession qui a servi plusieurs souverains. D'abord, il a servi dans l'armée d'Henri IV durant la dernière période des guerres huguenotes en France ; ensuite, contribuant en Transylvanie et en Hongrie à la lutte contre les Turcs, il a servi dans l'armée polonaise, puis allemande. À partir de 1600, il s'engagea dans l'armée de Boris Godounov, commanda un détachement de cavalerie et participa à l'écrasement des armées du « faux Dimitri ». Après la mort de ce dernier, Jacques Margeret quitta la Russie à la fin de 1606 et retourna en France en passant par Arkhangelsk. De retour en France, il a publié, sur l'ordre d'Henri IV, un livre de mémoires sur la Russie : J. Margeret, *Estat de l'Empire de Russie et Grand-Duché de Moscovie*, Paris, 1607.

Le livre de Margeret rédigé sur l'ordre d'Henri IV lui est dédicacé, comme aux participants aux guerres huguenotes qui furent témoin — ainsi que Margeret lui-même — des événements récents en France. Cette tragédie était présente à l'esprit de l'auteur lorsqu'il décrivait les événements également tragiques en Russie. Les événements russes lui servent de parallèles aux événements en

France. Il n'est pas fortuit que Konrad Bussov compare la nuit de Saint-Barthélemy au soulèvement à Moscou du 17 mai 1606. Il est possible que chez Bussov cette comparaison soit due à la lecture par lui du livre de Margeret.

En Russie, Margeret fut frappé par la tolérance religieuse du peuple russe et la libre célébration des offices religieux dans les églises non orthodoxes qui à l'époque existaient déjà à Moscou. Durant son séjour en Russie, Margeret découvrit les aspects divers de la vie du peuple russe, et parmi d'autres — les traditions orthodoxes. Voici ce qu'il écrit sur la préparation des habitants de Moscou au Grand Carême (Toutes les citations d'auteurs français sont retraduites du russe.) :

> Durant la semaine précédant le carême, qu'ils appellent *maslenitza* (« semaine grasse »), ils ne peuvent manger aucune chair, mais mangent de tout ce qui provient de la chair : beurre, fromage, œufs, lait. Et ils vont en visite les uns chez les autres, s'embrassent et se prosternent les uns devant les autres et demandent mutuellement pardon, s'ils ont porté offense par parole ou par action ; même dans la rue, si jamais auparavant ils ne s'étaient rencontrés, ils s'embrassent en disant ; « Pardonne-moi, je t'en prie » et reçoivent la réponse : « Que Dieu te pardonne pardonne-moi aussi. »

L'auteur français fut témoin du rite de la Procession sur l'Âne. Ce rite (comparable aux « mystères » moyenâgeux — NDLR), ainsi que celui de La fournaise et certains autres, étaient joués à Moscou jusqu'à la fin du XVIIe siècle et n'ont été supprimés qu'avec la mort du patriarche Adrien (1700) et le commencement de la période synodale. D'autant plus précieuses sont les descriptions de ces rites par Margeret.

> Le jour des Rameaux, on installe le patriarche sur un âne, et s'il n'y a pas d'âne, alors on prend un cheval, qu'on couvre entièrement d'un drap blanc, de façon qu'on ne voit que ses yeux, on lui attache de grandes oreilles, et l'empereur le mène par la bride vers l'église en dehors de la place forte (le Kremlin, NDLA) qui est nommée Jérusalem (église de Basile le Bienheureux, NDLA), et ensuite à l'église de la Mère de Dieu. Ce jour, des personnes choisies se dépouillent de leurs vêlements et les étendent sur le chemin de la procession des prêtres et d'autres membres du clergé de la ville.

De la Neuville, un autre auteur français qui a séjourné en Russie en 1689, parle aussi des traditions orthodoxes du peuple russe. En tant que membre de la Société de Jésus, il accorde une attention particulière à l'aspect religieux de la vie des habitants de Moscou, où il demeura plusieurs mois. Il fut témoin de la Procession de la Croix, lorsque le clergé des cathédrales, richement vêtu, sort solennellement de l'église.

Chaque prêtre porte un objet : soit un livre, soit un crucifix, d'autres — des crosses. Ceux qui marchent près du métropolite ou du patriarche portent d'énormes représentations de la Mère de Dieu ornées d'or, d'argent, de pierres précieuses et de chapelets de perles. D'autres portent d'énormes croix rectangulaires, très riches aussi, et si lourdes que certaines sont, avec difficulté, soulevées par quatre prêtres. Suivent après ceux qui portent des livres des Évangiles, si richement décorés que probablement dans toute l'Europe on n'en trouverait pas de plus précieux... J'ai vu un Évangile qui fut décoré sur l'ordre du tsar Pierre I par un joaillier français.

Des Français visitaient régulièrement la Russie, et certains d'entre eux trouvaient en Russie leur seconde patrie. Parmi ces derniers, le baron Pierre de Raymond qui est venu à Moscou vers 1628 et s'y est marié à une jeune Anglaise, Anne Barnsley, calviniste. « Ce baron — écrit Oléarius, — afin de mériter la faveur aux yeux du Grand Prince et des dignitaires, a adopté la foi russe, s'est soumis au rebaptême et a pris le nom de Ivan ». On peut présumer qu'au départ, le baron Pierre de Raymond était probablement huguenot (calviniste), autrement il n'aurait pu se marier à Anna Barnsley, elle-même de confession calviniste.

Un grand nombre de ressortissants français se sont retrouvés en Russie après 1685, lorsque Louis XIV abrogea l'Édit de Nantes. Le gouvernement russe a annoncé qu'il accueillera « tous les fuyards, et que les tsars les honoreront en accord avec leurs services, leur naissance, leur honneur et leur dignité ». En 1689, les huguenots ont reçu l'invitation de venir à l'État moscovite, « afin que chacun, en accord avec la foi de ses pères et en sa propre langue, prie Dieu pour la prospérité du royaume russe ».

Cette *gramota* (charte) du tsar fut transmise aux huguenots par l'entremise de la cour de Brandenbourg. En arrivant à Moscou et d'autres villes russes, les huguenots français n'éprouvaient pas de difficultés quant à leur vie religieuse. Ils pouvaient fréquenter les temples de leurs condisciples issus de la Réforme qui étaient établis en Russie depuis longtemps. On sait, par exemple, que les réformés hollandais établis à Arkhangelsk avaient vers 1674 leur propre maison de prière. À Moscou, le premier temple réformé fut érigé en 1629, tandis qu'en 1684 la communauté moscovite issue de la Réforme a pu construire un temple en pierre.

La situation était un peu plus compliquée quant aux besoins spirituels des Français catholiques établis en Russie. En 1629, l'ambassadeur de France s'est adressé au gouvernement russe en demandant la permission de construire une église catholique à Moscou, mais la situation politique internationale étant précaire à l'époque, la permission ne fut pas donnée. Toutefois, vers la fin du XVIIe siècle, les catholiques résidant à Moscou — français entre autres — ont obtenu ce droit.

Le début du XVIIIe siècle vit un nouvel essor dans les relations franco-russes. Il y a même eu des pourparlers au sujet d'un mariage éventuel d'Elilzabeth, fille cadette de Pierre I, avec Louis XV. En avril 1717, Pierre I, accompagné du prince B. Kourakine, du prince Basile Dolgorouki et du vice-chancelier Chafirov, entreprit un voyage en France. Le 14 juin, Pierre 1 visita la Sorbonne ; il y fut accueilli par les théologiens de l'Université qui lui ont montré l'église et la bibliothèque ; il a également visité le tombeau du cardinal Richelieu. Dans la bibliothèque, Pierre I fut intéressé par des livres religieux en slavon qui y étaient conservés. Boursier, membre du Conseil de la Sorbonne qui servait de guide à Pierre I, lui suggéra l'idée d'une union des Églises d'Orient et d'Occident, priant le tsar afin que » « ayant accompli tant d'actions glorieuses qui provoquent l'admiration de l'Europe, il multiplie cette gloire en concurrent à cette cause, afin qu'il y ait un seul pasteur et un seul troupeau ». Sur le plan personnel, Pierre I était connu pour sa grande tolérance dans les matières religieuses, mais en l'occurrence, il s'agissait du sort de l'orthodoxie. Il ne pouvait donc prendre la responsabilité d'une décision autocratique et, selon la chronique du séjour de Pierre I à Paris, il a répondu à Boursier et aux autres théologiens de la Sorbonne que c'est une affaire d'envergure qui ne peut être parachevée rapidement ; en plus, Sa Majesté est plus familière avec les questions militaires. Et s'ils le désirent vraiment, qu'ils écrivent aux hiérarques russes, car c'est une affaire importante et nécessitant la convocation d'une assemblée religieuse ; en plus, il a daigné leur promettre, en accord avec le pouvoir qui lui est donné par Dieu, d'ordonner aux hiérarques russes, si ces théologiens s'adressent à eux par écrit, qu'ils leur donnent une réponse.

Nous avons une information sur certains obstacles à la réalisation de l'unité ecclésiale que Pierre I a énumérés dans son dialogue avec Boursier : « Cette réunion n'est pas chose facile ; trois obstacles l'empêchent : le pape (suprématie du pouvoir papal — NDLA), la procession du Saint-Esprit (problème du Filioque — NDLA) et... ». Il a oublié le troisième point qui lui fut rappelé par Boursier : le pain azyme et le vin du Saint Sacrement de la Communion (communion sous les deux espèces — NDLA).

Les théologiens français présents lors du dialogue ont affirmé que l'Église orthodoxe, même après l'union avec l'Église catholique romaine, peut ne pas adopter la pratique du pain azyme pour la célébration de l'Eucharistie, que la discorde au sujet de la procession du Saint-Esprit du père et du Fils n'est qu'une question de termes utilisés, et qu'ayant reconnu le pouvoir du pape de Rome, la Russie peut ne rien changer dans l'administration ecclésiastique en adoptant les principes qui régissent l'Église Gallicane.

Puisque Pierre I n'a pas rejeté la proposition des théologiens de la Sorbonne et leur a demandé de rédiger à ce sujet un document écrit ; ces théologiens, sous la direction de Boursier, se sont empressés à le faire avant que le tsar ne quitte la France. Le mémorandum remis à Pierre I cite les Saintes Écritures et les pères de l'Église sur la nécessité de l'unité ecclésiale ; suit un exposé des dogmes qui sont acceptés tant par l'Église orthodoxe que par l'Église catholique romaine, et c'est seulement vers la fin qu'on trouve mention des obstacles sur la voie de l'unité dans la foi. Parmi les divergences dogmatiques, une seule est examinée : la procession du Saint-Esprit, et la conclusion est faite que la divergence réside uniquement dans les termes, et les théologiens orthodoxes ne sont pas tenus d'ajouter le Filioque dans le texte du Credo. Quant à la doctrine de la primauté du pape, les théologiens de la Sorbonne manifestèrent encore plus de souplesse. Ils reconnaissaient au pape les mêmes droits qu'à tout autre évêque, sa primauté découlant de sa succession à l'apôtre Pierre, mais ils reniaient son infaillibilité et prouvaient que l'Église orthodoxe russe n'aurait pas à se soumettre à divers « privilèges rédigés à Rome » qui ne sont pas reconnus même par beaucoup de catholiques. « Voici nos notions concernant le pape et bien qu'elles ne soient pas partagées par les ultramontains, ceci ne les empêche pas de demeurer catholiques ».

Pierre I a accepté ce document et a promis de le transmettre aux théologiens russes pour étude et rédaction d'une réponse. Malgré toute sa tolérance envers les hétérodoxes, Pierre I était fils fidèle de l'Église orthodoxe russe, et peu avant son départ de France, le 20 juin, « dans la soirée, à six heures, il était à son église (orthodoxe — NDLA) pour les vigiles de la fête de la Descente du Saint-Esprit qu'il chanta avec les autres russes, membres de la délégation », tandis que le lendemain, le 21 juin, il assista ici même à la Liturgie.

De retour en Russie, Pierre I a transmis ce mémorandum aux hiérarques russes pour étude ; dans les documents de l'époque, il est noté que « le 15 juin (1717, ancien calendrier) fut reçu un mémorandum sur les moyens de l'union de l'Église de la Grande Russie avec l'Église de Rome, rédigé en latin « in domo Sorbonico ». Liboure, chancelier à l'Université de Paris, a certifié la traduction française de ce mémorandum (16 pages), en témoignage que le document sur l'union des Églises est effectivement signé par les personnes dont les noms sont énumérés à la fin du document. Pierre I a refusé de répondre à la Sorbonne, transmettant le document aux considérations du Synode.

Il faut noter que l'initiative des théologiens de la Sorbonne n'était pas partagée par tous les catholiques, et de loin. Voici, par exemple, l'opinion que de Lavis, représentant français à Saint-Pétersbourg, exprime dans son rapport destiné aux autorités françaises :

Les jésuites, qui ont à Saint-Pétersbourg une école et une église, se sont prononcés, en la présence de plusieurs personnes, combien ils étaient mécontents du voyage du tsar en France au moment où l'esprit du peuple (français — NDLA) est hostile au pape ; à la suite de quoi, ils craignent que Sa Majesté, qui avait l'intention de s'unir à l'Église de Rome, ne change d'opinion, surtout si elle notera l'hostilité de la Cour envers le Trône du pape.

Malgré ces circonstances, la lettre des théologiens de la Sorbonne fut l'objet d'une étude, et en 1718 il y eut deux variantes de réponse : l'une, rédigée par Stéphane Javorsky, l'autre, par Théophane Prokopovitch. L'essence des deux documents est identique : les évêques russes ne se sentent pas en droit de prendre des décisions sur la réunification des Églises sans la participation des représentants des autres Églises orthodoxes, surtout à l'insu des quatre patriarches orientaux.

Les deux évêques orthodoxes, Stéphane Javorsky et Théophane Prokopovitch, représentaient deux courants opposés de la pensée russe de l'époque. Stéphane Javorsky considérait le catholicisme plus favorablement que Théophane Prokopovitch qui penchait plutôt du côté du protestantisme. Et bien que les deux réponses se prononçaient avec gratitude aux théologiens de la Sorbonne pour leur initiative, le document de Théophane Prokopovitch est plus réservé. Celui-ci écrivait ce qui suit :

Nous avons accueilli cette lettre avec grande joie, non pas pour y trouver quelque chose de neuf ou digne d'attention spéciale (puisque quoi qu'il y ait d'important dans cette controverse n'est point nouveau pour les théologiens), mais parce qu'après le récit de notre Souverain, nous voulions aussi lire dans votre épître, voir pour ainsi dire de nos propres yeux, votre aspiration louable... Quant à votre proposition fondée sur l'Apôtre et concernant l'unité de la foi et le tort que lui causent les discordes et les hérésies, c'est notre aspiration commune à tous (à moins qu'elle ne soit simulée). Le reste — la manière de guérir cette ancienne discorde ecclésiale, bien que cela ne soit pas si difficile ainsi que l'ont montré les âges passés surtout à partir du pape Innocent III et jusqu'à nos jours, cette guérison ne peut se faire ni rapidement, ni facilement, comme vous le semblez penser et comme nous déduisons de votre document.

Le projet de réponse de Théophane Prokopovitch a plu à Pierre I plus que l'autre, et c'est ce document qui fut expédié à Paris. Il a été signé par Stéphane Javorsky, métropolite de Riazan et de Mourom ; Barnabas, évêque de Kholmogory et de Vaga ; et par Théophane Prokopovitch, archevêque de Pskov et de Izborsk. La réponse aux théologiens de la Sorbonne fut expédiée le 15 juin 1718.

Il faut noter que Théophane Prokopovitch, sans se contenter de la réponse rédigée en termes très généraux, a entrepris d'autres démarches pour neutraliser l'initiative des théologiens de la Sorbonne. Il a expédié la copie de leur lettre au professeur Buddeus à Iéna, lui demandant son opinion à ce sujet. Buddeus a rédigé une critique très farouche sur la proposition de l'union des Églises d'Orient et d'Occident ; dans son traité, il essayait de démontrer l'impossibilité de l'union de l'Église orthodoxe russe avec l'Église catholique romaine. Cet ouvrage a paru en 1719 d'abord en latin : *Ecclesia romana cum ruthenica irreconsiliabilis*, puis en allemand : *Erörterung der Frage — ob eine Vereinigung der Romisch Katolischen und Russischen Kirchen zu hoffen sei*. Théophane Prokopovitch était fort satisfait de l'ouvrage de Buddeus et avait l'intention de le traduire en russe afin de le présenter à Pierre I.

Quant aux théologiens de la Sorbonne, après avoir reçu la réponse de Saint-Pétersbourg, ils ont conclu qu'une action commune pour l'union des Églises n'est pas pour un avenir prévisible. En plus, ils ont appris qu'il y avait une autre version de réponse, celle de Stéphane Javorsky, et qui était plus conciliante, et ont compris que Théophane Prokopovitch s'y était opposé. En essayant de comprendre les motifs de Prokopovitch, ils se sont penchés vers l'opinion que Théophane était opposé à la réunion des Églises, car après l'abolition du patriarcat en Russie, il était de facto le chef de l'Église orthodoxe russe.

Cette opinion n'était pas fondée, car Théophane Prokopovitch (1681-1736) était bien plus jeune que Stéphane Javorsky (1658-1722) ; en plus, c'est Stéphane Javorsky qui, en 1721, fut nommé à la tête du Saint Synode.

Malgré cet échec, les théologiens de la Sorbonne poursuivirent leurs démarches pour le rapprochement avec l'Église orthodoxe russe, même après la mort de Pierre I (+1725). En 1728 l'abbé Jubé visita la Russie et y entama des pourparlers officieux afin de convaincre certains représentants de l'Église orthodoxe russe de renouveler les efforts pour la réunification des Églises. D'après lui, certaines personnalités de l'Église orthodoxe russe, tels

Théophilacte Lopalinsky et Athanase Condoïdi étaient d'accord à renouveler les démarches dans ce sens. Mais à partir du moment où Anna Ioannovna accéda au trône russe (1730-1740) et la toute-puissance incontrôlée de Biron, toutes les perspectives de renouveler le dialogue se sont refermées, tandis que Jubé fut expulsé de la Russie.

Mais l'entreprise « sorbonienne » n'en resta pas là : d'une manière inattendue, elle reprit de plus belle au début du XIXe siècle. En mai 1810, Napoléon, par l'entremise du sénateur comte Grégoire, ancien évêque de Blois, a adressé une missive au métropolite Platon (Levchine) qui se terminait sur une expression d'espoir de la réunion des Églises d'Orient et d'Occident.

> Comme vous le savez, lors de sa visite du Tsar Pierre à Paris, les professeurs de la Sorbonne lui ont présenté un mémorandum sur l'union de l'Église grecque et romaine. Les hiérarques russes, proches de la cour de Saint-Pétersbourg, ont donné, l'année suivante, en 1718, leur réponse qui n'amena pas de résultat tant espéré : ils voulaient, disaient-ils, avoir une consultation avec les patriarches grecs de l'Église d'Orient. Je présume qu'une telle consultation a depuis eu lieu, mais en France nous n'avons pas reçu les réponses des patriarches grecs ; j'ai été assuré toutefois qu'elles sont conservées dans les archives du Synode à Moscou. Ne me jugez pas impertinent, Votre Excellence, si je vous demande d'avoir la copie de ces réponses.

Le métropolite Platon a transmis cette lettre au Synode par l'intermédiaire de l'Oder-procureur le prince A. N. Golitzine. La situation politique de l'époque sur le continent européen ne favorisait pas l'étude de questions confessionnelles, et en conséquence, la réponse du métropolite Platon au comte Grégoire datant de 1811 était d'un ton plutôt réservé.

> J'ai eu l'honneur de recevoir la lettre de Votre Excellence avec les livres qui l'accompagnaient. J'aurais eu un extrême plaisir de vous répondre conformément à votre confiance et votre haute opinion que vous me manifestez. Néanmoins, toutes les recherches dans les archives afin de retrouver les documents en question se sont avérées vaincs ; il n'a pas été trouvé de moindre trace d'une consultation des patriarches orientaux. Depuis le règne de Pierre I, toutes les tentatives quant au rapprochement des deux Églises demeurent sans résultat, car, il faut s'en rendre compte, une telle idée est totalement contraire à l'esprit du peuple russe. Jusqu'ici, il n'y a aucune solution : notre peuple est autant attaché à sa foi que convaincu de son devoir de conserver cette foi inaltérée, et quelque modification que ce soit de cette foi peut se présenter aux yeux des Russes comme offensante et périlleuse. Dans les maladies dues à mon âge et sur la fin de mon cheminement terrestre, ce n'est pas à moi d'entamer une entreprise aussi grande et aussi importante ; mon lot est de prier pour la paix de l'Église et le bien-être de ma patrie.

L'action militaire de Napoléon contre la Russie a empêché les deux parties de poursuivre la recherche des voies vers une unité confessionnelle. Mais malgré cette période néfaste dans l'histoire des relations franco-russes, elles ont, plus tard, continué à se développer et à s'améliorer, leur début remontant si loin dans le passé.

Il faut dire quelques mots sur les Français issus de la Réforme, dont le nombre continuait à augmenter en Russie. Peu après la fondation de Saint-Pétersbourg, ils ont commencé à s'établir sur les rives de la Néva, et, pour satisfaire à leurs besoins spirituels, ont invité de Genève le pasteur Robert Dunan. En 1746, les réformés français ont été rejoints par les réformés allemands, du moment que ces derniers n'avaient pas les moyens de subvenir aux besoins de leur propre pasteur. En 1731 les réformés français ont construit à Saint-Pétersbourg un temple (sur la Moïka). L'impératrice Anna Ioannovna a fait un don de 1000 roubles pour la construction de l'édifice.

En 1762, le temple des réformes français a brûlé dans un incendie, et la paroisse fut temporairement dissoute. Les réformés allemands se sont joints à la communauté luthérienne de Saint-Pierre, les Français ont rejoint la communauté hollandaise. En 1770, les réformés français ont construit un nouveau temple. Mais en 1773, à l'occasion de l'élection d'un nouveau pasteur, des divergences ont surgi entre les réformés français et allemands. Et bien que le Collège de Justice ait décidé que chaque communauté doit avoir son propre pastcur, l'affaire n'en est pas restée là. Les réformés français, s'appuyant sur le fait que c'est eux qui ont construit le temple, ne furent pas satisfaits de la décision du Collège et finalement, en 1778, le litige fut présenté à l'impératrice Catherine II. Cette même année, l'impératrice a prononcé sa décision où, entre autres, il était dit : « Le temple réformé fondé par les Français et auquel se sont joints les Allemands, doit être considéré comme une copropriété des deux groupes, mais les Français, en tant que fondateurs, ont prépondérance dans toutes les affaires ».

En même temps, les gouvernants de l'État russe avaient des attitudes différentes envers les immigrants à différentes époques : en 1798 un interdit a été prononcé contre l'entrée en Russie non seulement de Français, mais de tous les autres étrangers « sans autorisation impériale personnelle », et en même temps ont été confisqués « tous les navires français en Russie, et tous les investissements à la Banque d'État ». Cette interdiction fut de courte durée et n'a pas eu de répercussions sur les réformés déjà établis en Russie qu'ils considéraient comme leur deuxième patrie. Par la suite, des colonies de réformés se sont agglomérées dans diverses régions du sud de la Russie. La presse ecclésiastique russe de l'époque note que « les réformés français sont caractérisés maintenant comme par le passé, par leur attitude amicale envers les chrétiens d'autres confessions, en particulier envers l'Église orthodoxe russe ».

La situation des Français catholiques qui s'établissaient en Russie ne cessait également de s'améliorer. En 1720, la communauté catholique à Moscou comptait 300 membres. Au lieu des prêtres jésuites venus de la Pologne, on a commencé à inviter en Russie des cordeliers et des capucins français. Après 1789, le nombre de Français venant s'établir en Russie a beaucoup augmenté et c'est pour eux qu'en 1790 l'église catholique Saint-Louis fut construite à Moscou, où jusqu'à nos jours les services continuent à être célébrés et qui témoigne de l'histoire des relations ecclésiastiques franco-russes.

Dans la deuxième moitié du XIXe siècle, les relations ecclésiastiques entre les deux pays continuèrent à s'affermir. À cet affermissement ont contribué, entre autres, les représentants de l'Église orthodoxe russe en mission pastorale à l'étranger. Parmi eux, l'archiprêtre Joseph Vassiliev qui, dès la fin de ses études à l'Académie théologique de Saint-Pétersbourg, fut nommé à Paris où il vécut 21 ans, ayant beaucoup accompli pour la propagation de l'influence orthodoxe dans les milieux français et le témoignage orthodoxe parmi les catholiques français. L'archiprêtre Vassiliev a fondé à Paris la revue *Union chrétienne*, qui était publiée conjointement avec l'abbé René Fr. Guetté devenu plus tard célèbre. Il semble que ce fut la première revue œcuménique au monde. La revue, comme son titre l'indique, était consacrée aux questions de la réunion de l'orthodoxie et du catholicisme romain, ainsi que des Églises protestantes.

Il faut souligner que dans son activité œcuménique le P. Joseph Vassiliev s'en tenait très strictement aux positions orthodoxes ; en témoigne cet extrait d'une lettre qu'il a adressée le 12 mars 1861 à l'évêque catholique de Nantes Jacquemet :

Chez nous en Russie, on ne se contente pas d'étudier la doctrine et l'histoire de l'Église d'Orient, mais on étudie aussi les sources originales de l'Église romaine. On ne peut donc dire que nous, lorsque nous abordons les questions litigieuses qui nous séparent de l'Église de Rome, l'accusons injustement. En condamnant certains points de la doctrine romaine, nous nous basons sur une connaissance concrète de l'Église de Rome.

Le développement des relations ecclésiastiques franco-russes fut également favorisé par l'activité scientifique dans les écoles théologiques de l'Église orthodoxe russe. Ainsi, à l'Académie théologique de Saint-Pétersbourg, une des thèses intitulée *Épisodes remarquables de l'histoire de la prédication des réformés français au XVIIe siècle*, datant de 1882, analyse certains aspects de l'activité des huguenots en France. On peut noter que la riche collection de manuscrits de la bibliothèque de l'Académie théologique de Saint-Pétersbourg comprenait un nombre considérable de manuscrits en langues étrangères, dont un certain nombre en français. Un de ces manuscrits français volumineux (686 feuilles) était le *Recueil des actes des synodes réformés français nationaux ou généraux*. Le premier synode eut lieu à Paris en 1559. Les XVIe-XVIIe siècles ont vu la réunion de 29 synodes similaires : les actes de tous ces synodes étaient consignés dans le manuscrit susmentionné. Selon l'un des professeurs de l'Académie théologique de Saint-Pétersbourg qui travailla à la description de ce manuscrit, « ceux qui étudient chez nous l'histoire du protestantisme français auront intérêt à prendre connaissance de ce manuscrit dans un certain sens original, malgré l'existence de publications imprimées ».

On peut également citer une thèse consacrée à ce sujet et se référant au manuscrit français susmentionné : *Arminius et le synode de Dordrecht 1618-1619* (1893). Parmi les manuscrits anciens conservés à la bibliothèque de l'Académie théologique de Saint-Pétersbourg, beaucoup proviennent des collections de monastères. Ces manuscrits étaient systématiquement étudiés par les étudiants, dont certains écrivaient leurs thèses sur la base de leur analyse de ces manuscrits. Entre autres, *Théodore Bésa et son Histoire ecclésiastique des Églises Réformées au Royaume de France* (1893).

De précieux manuscrits sur l'histoire du christianisme en France sont conservés dans les grandes bibliothèques de l'Union soviétique. Après 1789, à la suite de la liquidation des monastères et de leurs bibliothèques, de la vente des collections de l'aristocratie française, les possibilités d'acquérir ces manuscrits en France étaient très favorables. Le secrétaire de l'ambassade russe, P. Doubrovsky et les comtes Stroganoff, étaient des collectionneurs éclairés et ont acquis de vastes et précieuses collections de manuscrits français qu'ils ont apportés en Russie à la fin du XVIIIe et au début du XIXe siècle. Ces manuscrits sont à l'heure actuelle conservés à la Bibliothèque publique Saltykov-Tchedrine à Leningrad et aux Archives centrales des documents anciens à Moscou.

Presque tous les manuscrits français du haut Moyen Âge (V^e-Xe siècles) se sont retrouvés dans la collection de P. Doubrovsky. Près de la moitié d'entre eux (une quarantaine) ont été écrits à l'abbaye bénédictine de Corbie, fameuse par la perfection de ses calligraphes.

Les livres et les chartes des XIe-XVe siècles se dénombrent par centaines. Parmi eux, des chroniques, des traités théologiques, des livres liturgiques, des transcriptions de la Bible en français. Dans la collection de Doubrovsky qui présente un grand intérêt, le groupe des chartes du XIIe siècle de l'Abbaye Saint-Antoine à Paris, ainsi que les documents des XIVe-XVe siècles sur l'histoire de France durant la guerre de Cent Ans.

En conclusion de ce bref aperçu de l'histoire des relations ecclésiastiques franco-russes, on peut noter qu'à l'heure actuelle elles continuent à se développer avec succès. Ainsi, en 1960, avec la participation active du pasteur Arnold Brémont, directeur de l'« Union de Prière », des liens ont été renoués entre l'Église réformée de France et l'Église orthodoxe russe. Une délégation de l'« Union » est venue en 1960 en URSS avec une visite officielle sur l'invitation du patriarcat de Moscou et fut le début des contacts ultérieurs entre les deux Églises. En 1962, c'est une délégation de l'Église orthodoxe russe qui est allée en France avec à sa tête le métropolite Nikodim (à l'époque, archevêque d'Iaroslavl et de Rostov). En 1963, une autre délégation présidée par Charles Westphal, Président de la Fédération protestante de France a visité notre pays.

Étant donné que les chrétiens de confessions diverses, dont les orthodoxes et les réformés, participent activement au mouvement œcuménique, il est opportun de rappeler que le terme *œcuménisme* dans le sens actuel de la promotion de l'unité chrétienne a été pour la première fois utilisé par Adolphe Monod (1802-1856), théologien et prédicateur réformé français de grand renom.

De nombreux contacts entre l'Église orthodoxe russe et l'Église catholique romaine continuent à se développer, ce qui donne lieu à s'attendre à l'affermissement de ces liens dans l'avenir. Les chrétiens qui accomplissent leur ministère dans les deux pays sont appelés à suivre le commandement du Christ sur l'édification de l'unité (Jn 17,11) et, par leurs efforts dans ce sens, confirmer l'actualité du principe ancien *Gens una summus*.

3.

Paris, carrefour des chrétiens d'Orient

Père Mailleux, S.J.[3]

Bien avant 1914 se dressaient déjà en diverses villes de France, d'Italie et de Suisse, des églises orthodoxes russes construites par le Gouvernement tsariste ou par quelque mécène qui aimait à passer l'hiver sous des cieux moins rudes que ceux de Russie. La cathédrale russe de la rue Daru à Paris, les églises russes aux élégants bulbes effilés de Nice, de Pau, de Genève, de Vevey, de San Remo, de Florence, de Bari, remontent à cette époque. Les fidèles qui les fréquentaient étaient alors peu nombreux et n'en étaient souvent que des paroissiens saisonniers ou occasionnels. Seuls les Grecs venus chercher un gagne-pain en Occident dans le commerce ou l'artisanat constituaient alors des groupes plus stables autour de leurs églises de Paris, de Lyon, de Marseille, de Venise...

Mais au début de la troisième décade de ce siècle, un nombre considérable de réfugiés russes, dépassant la centaine de milliers, vint s'établir en Europe occidentale. Des paroisses orthodoxes s'organisèrent assez vite en sorte que Paris et sa banlieue comptent actuellement trente-huit églises orthodoxes. Bruxelles en compte quatre et une soixantaine d'autres sont établies dans les grandes villes et les centres principaux de l'émigration. En 1925, un Institut de théologie orthodoxe fut fondé, rue de Crimée à Paris, pour la formation du clergé. La dernière guerre mondiale, et l'instauration d'un régime communiste dans d'autres pays à majorité orthodoxe, tels que la Roumanie, la Bulgarie et la Yougoslavie, provoquèrent l'arrivée en Europe occidentale non seulement de nouveaux réfugiés russes, mais aussi de réfugiés originaires des divers pays balkaniques.

Dans un numéro spécial publié en novembre 1950 et consacré au problème des réfugiés, la Nouvelle Revue Théologique a dépeint la situation religieuse des chrétiens d'Orient établis en Occident. Elle a exposé en particulier comment de douloureux conflits avaient surgi dans les milieux orthodoxes russes émigrés et comment ils avaient abouti à la division des évêques en trois obédiences opposées : celle du patriarche de Moscou, celle du patriarche de Constantinople et celle du Synode de l'Église russe à l'étranger. On trouvera dans cet article plus de détails sur l'origine et l'évolution de ces dissensions et il est inutile sans doute de les reprendre ici. Ajoutons seulement que l'Église roumaine de l'émigration souffre d'une division analogue.

Actuellement, les positions se sont figées ; les pasteurs agissent chacun de leur côté et les fidèles ont pris leur parti des divisions. Nombreux sont les laïcs qui se refusent à épouser ces querelles et fréquentent indistinctement les églises des obédiences opposées en affirmant que les problèmes soulevés par leurs pasteurs les dépassent et que les évêques doivent les résoudre entre eux. On peut même dire que ces conflits juridictionnels n'ont pas été sans modifier sensiblement chez beaucoup d'orthodoxes la manière de considérer l'Église catholique romaine. Certains verraient en elle une sorte de « quatrième juridiction » avec laquelle on ne demanderait qu'à s'unir, mais cette réunion devrait être réalisée par ceux-là mêmes qui — à leur sens — ont provoqué la rupture, les évêques. On ne peut, affirment-ils, demander à de simples fidèles, écrasés par la lutte quotidienne pour la vie, de prendre position dans des questions théologiques aussi délicates que la Procession du Saint-Esprit, l'Immaculée Conception, l'épiclèse et l'infaillibilité de l'Évêque de Rome... Certains vous diront même qu'il y aurait présomption et orgueil de l'esprit à vouloir trancher des problèmes sur lesquels les théologiens catholiques eux-mêmes n'ont pas été unanimes pendant des siècles...

Faut-il le dire, ces querelles juridictionnelles n'ont pas contribué à accroître l'attachement des fidèles à la hiérarchie. Beaucoup d'entre eux ne ménagent pas leurs reproches à leurs pasteurs, et certains en prennent prétexte pour ne plus guère fréquenter les églises. La nouvelle manière d'envisager l'Église romaine n'est pas sans incidence non plus sur l'attitude extérieure des laïcs. Ils assistent sans répugnance à ses offices, ils s'unissent à ses prières, ils partagent ses joies, ses épreuves et ses angoisses (par exemple, lors des échanges de vues sur les prêtres ouvriers), ils s'abstiennent seulement de lui demander les sacrements puisque ce n'est pas l'usage. Mais en retour, ils considèrent comme une brimade tout geste de réserve de sa part. Dans l'Asile tenu par des religieuses à C..., près de Paris, une quinzaine de petits vieux sur quelque 70 pensionnaires assistent librement à la messe avec les Sœurs tous les matins, et sur ces 15, on compte 5 Russes orthodoxes sur les 9 qu'héberge la maison. La proportion ne serait pas moindre dans bon nombre d'autres asiles de France. Mais en revanche l'émotion fut grande lorsque, dans un établissement de ce genre, à C..., un de ces petits vieux étant mort, aucune religieuse ne crut pouvoir assister à ses funérailles célébrées par le prêtre orthodoxe dans une chambre de l'asile... Les sept autres pensionnaires orthodoxes de la maison écrivirent une lettre collective à la Supérieure pour elle l'Église romaine le jour où, épousant une catholique, ils se voient privés des cérémonies de l'Église et mariés à la sacristie.[4]

La tâche des quelques dizaines de prêtres orthodoxes de l'Europe occidentale n'est pas de tout repos. Outre les offices souvent très longs à assurer dans les églises, ils doivent parcourir des districts parfois assez vastes pour visiter les familles orthodoxes éparpillées en province, pour baptiser, unir par le mariage, célébrer les funérailles. Mais de ces tâches la plus urgente et la plus délicate, sans doute, est celle d'assurer l'éducation religieuse des jeunes orthodoxes. Bon nombre de paroisses ont organisé à cette fin des écoles du jeudi. La plus prospère de Paris, dirigée par une demoiselle russe qui a consacré sa vie à cette œuvre, groupe quelque 150 jeunes orthodoxes. Mais combien d'autres ne peuvent être atteints, soit parce qu'ils habitent trop loin des églises, soit parce que les parents se désintéressent de leur formation religieuse !

Dans les milieux ecclésiastiques russes, lisons-nous dans la revue *Syndesmos* (n° 4, p. 17), on estime à moins de 10 % le nombre de jeunes de la troisième génération d'émigration restés membres « pratiquants » de leur Église. Parmi les 90 % qui apparemment ne semblent avoir conservé aucun lien avec l'orthodoxie, seul un très petit nombre s'est converti au catholicisme romain ou au protestantisme malgré la propagande active faite par certains protestants tels que les baptistes. Quant à la majorité de ces jeunes, elle peut être considérée comme confessionnellement et même religieusement indifférente...

Il existe en France quatre organisations pour la jeunesse russe dont la plus active, au point de vue religieux, est l'« Association chrétienne de la jeunesse russe » qui publie un bulletin mensuel, dirige bon nombre de réunions et de cérémonies religieuses et, deux fois par an, organise à Bièvres, non loin de Paris, des journées d'études particulièrement suivies. Dans les débuts de l'émigration, l'apostolat des prêtres orthodoxes en France conservait un caractère nettement national : les prêtres russes s'occupaient des Russes, les Grecs ne songeaient qu'aux Grecs et les Roumains aux Roumains. Deux générations ont passé. Aujourd'hui souvent les enfants ne parlent plus qu'avec peine la langue de leurs parents ; ils se sentent Français et ils pensent en français. Les jeunes travaillent de plus en plus à la constitution d'une « orthodoxie française » qui englobe tous les orthodoxes, quelle que soit leur origine.

À Sèvres, près de Paris, dans la propriété de la Cimade protestante, se rencontrèrent, en avril 1953, des délégués représentant les divers groupements orthodoxes de l'Europe occidentale. Cette réunion poursuivit les travaux amorcés lors du premier Congrès de la Jeunesse orthodoxe à Bossey (Suisse), en 1949, et constitua définitivement l'Association de la jeunesse orthodoxe. Elle décida la publication d'un bulletin de liaison en langue française, le « Syndesmos » (Lien), et élut comme secrétaire M. Marco Markovitch, d'origine serbe, et M. Jean Meyendorff, d'origine russe. M. Paul Evdokimoff, connu du public français pour son ouvrage sur le mariage, fut nommé président du Comité provisoire de Paris.

Cette « orthodoxie française » songerait-elle à faire du prosélytisme dans le : milieux catholiques ? Elle s'en défend et son action extérieure aux milieux orthodoxes prétend se limiter au rapprochement des chrétiens désunis. Cependant indépendamment de ces mouvements, un prêtre russe, le père Evgraph Kovalevsky, rattaché au patriarcat de Moscou, entreprit, il y a de nombreuses années déjà, de créer à Paris des paroisses orthodoxes françaises où il accueillait non seulement des orthodoxes d'origine, mais aussi quelques rares catholiques et protestants passés à l'orthodoxie. La « Revue du Patriarcat de Moscou » parla d'abord de son activité avec éloges et salua ces paroissiens comme « devant amener à l'orthodoxie les Français et autres Occidentaux ». Mais en mars 1953 les choses prirent soudain une tout autre tournure. Le Saint-Synode de Moscou condamna le père Kovalevsky et, dans une lettre adressée en juin 1953 à l'exarque du Patriarcat de Moscou à Paris, entre autres nombreux griefs, il reprocha au père Kovalevsky « le mariage illicite d'un prêtre catholique et la présentation de sa candidature pour une réordination ». Il l'accusa en outre « d'avoir désorienté l'Autorité ecclésiastique supérieure par une abondante et fausse information, dans le but d'obtenir la reconnaissance officielle de l'autonomie de la peu nombreuse paroisse orthodoxe Saint-Irénée à Paris, ainsi que des paroisses fictives en province et une décision en faveur du Sacre épiscopal de l'archiprêtre Kovalevsky lui-même... » En réponse, le père Kovalevsky rompit avec Moscou et sa position actuelle semble encore mal définie.

Signalons encore que « Le Synode pour l'Église russe hors frontières » publie un bulletin mensuel « Dans l'esprit et la Vérité » pour les chrétiens orthodoxes des pays de langue française, qui présente une documentation abondante et variée sur l'activité des groupes orthodoxes dans le monde.

Quant à l'Institut Saint-Serge de Paris, il est devenu aujourd'hui, par son rayonnement, un des centres les plus importants du monde orthodoxe. Après la dernière guerre, il a en quelque sorte essaimé en fournissant les principaux professeurs du Nouvel Institut qui se fonda aux États-Unis, près de la Columbia University. La formation des prêtres qui, dans les premières années, y était assez rapide, comporte aujourd'hui cinq années d'études et la valeur de son enseignement lui vaut actuellement la fréquentation de ses cours non seulement par des étudiants russes, mais par un nombre égal de jeunes Hellènes, Syriens Finnois, Serbes, Bulgares et Allemands. En 1950, lors du 25° anniversaire de sa fondation, l'Institut avait formé déjà plus de cent prêtres pour la diaspora russe et ses professeurs, quoique peu nombreux, comptaient alors à leur actif plus de mille publications ou articles. Son recteur actuel, monseigneur Cassien achève, avec une équipe de collaborateurs, une traduction nouvelle du Nouveau Testament plus critique que l'ancienne traduction synodale russe et dans une langue plus compréhensible pour la génération russe actuelle.

L'Institut publie, en russe, une revue trimestrielle *La Pensée orthodoxe* et ses professeurs assurent les principaux articles du *Messager éparchial* de Paris et d'une revue bimestrielle en russe pour les jeunes, *Le Messager*. Enfin, un ancien étudiant de l'Institut, recteur de la paroisse d'Asnières, monseigneur Méthode, assure la publication mensuelle d'une revue ascétique *Vetchnoié* (Le bien étemel).

En juillet 1953, l'Institut organisa dans ses locaux une [mot manquant] semaine d'études liturgiques à laquelle prirent part des spécialistes de diverses confessions chrétiennes. Ses professeurs ont à maintes reprises représenté l'orthodoxie dans les grandes réunions œcuméniques et, en particulier à Amsterdam en 1948, ont empêché les représentants du protestantisme libéral d'imposer leurs résolutions à l'Assemblée.

Peu après Pâques 1944, monseigneur Beaussart, coadjuteur de l'archevêque de Paris, fut invité à visiter l'Institut. Il y fut entouré de toutes les marques de vénération qui eussent accompagné la visite d'un évêque orthodoxe et la réception fut extrêmement cordiale. Depuis lors, les contacts se sont multipliés entre les professeurs de Saint-Serge et les théologiens catholiques. À deux reprises, par l'intermédiaire du Centre d'Etudes russes *Istina* dirigé par le R. P. Dumont, O.P., des journées d'études en commun furent organisées au Saulchoir dans le couvent des pères dominicains. Elles ont démontré combien de telles conversations entre spécialistes, à l'abri de toute arrière-pensée politique, poursuivies dans le seul désir de trouver la Volonté du Christ, pouvaient éclaircir l'horizon et permettre une compréhension meilleure.

On le voit par ces quelques détails, à la suite des derniers bouleversements des peuples, Paris est devenu un centre important pour l'orthodoxie orientale par le nombre et la qualité de ceux qui l'y représentent. La présence en cette ville, du côté catholique et orthodoxe, de théologiens compétents, l'absence de rancœurs qui seraient dues à des luttes antérieures comme il en existe par exemple entre Russes et Polonais, des traditions de courtoisie, une vision plus directe de la paganisation du monde, y permettent entre les deux confessions non seulement des relations de bon voisinage niais des contacts fructueux qui amorceront peut-être un jour, Dieu le veuille, un rapprochement plus effectif encore entre frères séparés.

4.

La situation de l'orthodoxie en Amérique du Nord[5]

Père C. Indekeu, S.J.

Sauf quelques communautés orthodoxes d'Esquimaux dans l'Alaska et le Grand-Nord, reliques de l'activité missionnaire de l'Église russe au XIXe siècle, les chrétiens orthodoxes d'Amérique sont des immigrants, venus d'Europe orientale et d'Asie Mineure. Les différents groupes nationaux ont presque tous leur Église plus ou moins autonome, souvent divisée elle-même en plusieurs juridictions concurrentes.

La plus importante communauté orthodoxe est celle des Grecs : son chef, l'archevêque Michel, a son siège à Brooklyn (New York) ; cinq évêques grecs, un évêque ukrainien et un évêque de Russie-Subcarpathique lui sont soumis. Tout en relevant du Phanar jusqu'en 1908, puis d'Athènes et enfin à partir de 1924 de nouveau du patriarche de Constantinople, l'Église grecque d'Amérique a son organisation ecclésiastique propre. En 1921 un séminaire fut fondé à Saint-Athanase, près de New York. L'Académie théologique Saint-Basile se trouve à Garrison (N.Y.). Les largesses de ses fidèles, souvent plus aisés, assurent à cette Église une situation matérielle relativement privilégiée par rapport aux autres Églises orthodoxes, mais elles sont aussi facilement l'occasion d'une ingérence funeste des rivalités personnelles et des passions politiques dans les affaires d'église. On compte actuellement quelque 400 paroisses dépendantes de l'archevêque Michel, dont plus de 300 paroisses grecques, 54 carpatho-russes et 40 ukrainiennes.

[Pendant le] siècle dernier, [l'Église russe a] converti quelques milliers d'Esquimaux et fondé l'évêché d'Alaska ; ce diocèse compte à l'heure actuelle de 20 à 30 000 fidèles, les offices liturgiques sont célébrés selon le rite byzantin, mais dans la langue indigène.

L'Église orthodoxe russe ne s'implanta pourtant vraiment en Amérique qu'à partir du moment où affluèrent les émigrants des pays slaves : ceux de Galicie, de Volhynie et de Russie-Subcarpathique bien avant 1917 déjà, ensuite ceux de Russie proprement dite, soit au moment de la révolution bolchevique, soit après la dernière guerre. Malheureusement, comme partout ailleurs dans l'émigration, l'Église russe est déchirée en plusieurs juridictions : les plus importantes sont la juridiction dite « américaine », la juridiction synodale et la juridiction du patriarcat de Moscou.

La première, ayant pour chef spirituel le métropolite Léonce, est la plus ancienne et semble aussi mieux enracinée sur le sol américain. Elle comptait en 1952 environ 212 paroisses, avec 270 prêtres et neuf évêques. Bon nombre de ses fidèles sont déjà nés en Amérique, ne parlent plus le russe ou le parlent avec grande difficulté et sont beaucoup plus engagés dans leur nouveau milieu de vie, mais par le fait même plus exposés à subir l'influence protestante ou tout simplement matérialiste de la civilisation américaine. La Fédération des Clubs : Russes orthodoxes, groupant 5000 jeunes gens, s'efforce courageusement de former une élite chrétienne vivante.

Un foyer et un séminaire sont annexés au monastère de Saint-Tychon à South-Canaan, état de Pennsylvanie. Mais le vrai centre religieux et intellectuel de l'orthodoxie russe en Amérique est incontestablement le séminaire de Saint Vladimir, fondé en 1938, élevé au rang de faculté théologique en 1948 et rattaché à la Columbia-University (New York). Des professeurs brillants tels que les pères Georges Florovsky et Alexandre Schmemann ont été appelés pour y enseigner. Depuis 1952, la faculté édite une revue de haute valeur, le *St. Vladimir's Seminary Quarterly*. Le passage suivant, tiré d'un article du P. Schmemann (*Byzantine Theocracy and the Orthodox Church* ; 2ᵉ fascicule de la revue), montre suffisamment l'ouverture d'esprit et la hardiesse de pensée que caractérisent ces milieux orthodoxes :

> Le nationalisme est devenu entièrement païen et matérialiste ; il est pareil à une nouvelle idole qui réclame des sacrifices et un culte. Or, des chrétiens vont épauler cette idole au moyen de leur « racisme » religieux et par leur isolement psychologique dans des groupements « autocéphales » nationaux. Il est temps de revenir à la Grande Église, aux sources universelles d'une orthodoxie vivante.

C'est une mentalité diamétralement opposée qu'on trouve dans l'Église Synodale russe du métropolite Anastase. Recrutant ses fidèles surtout parmi les émigrants de fraîche date, elle veut être la gardienne de l'orthodoxie traditionnelle. Dix évêques et 110 paroisses, dont 76 aux États-Unis et 34 au Canada, appartiennent à cette juridiction. L'élément monastique y joue un grand rôle il y a deux monastères de moniales, un à New York, l'autre à San Francisco et deux monastères de moines, un à Mahopac (N.Y.) et l'autre, le fameux monastère de la Sainte-Trinité à Jordanville (N.Y.). Ce dernier forme vraiment le foyer spirituel et apostolique de l'Église synodale russe, non seulement aux États-Unis, mais dans toute l'émigration russe. Siège du Synode des évêques et séminaire pour le clergé diocésain et régulier, ce monastère possède son imprimerie ; les revues qu'elle publie n'ont aucune prétention scientifique, elles traitent avant tout de piété, d'apologétique, d'informations religieuses et, hélas assez souvent de polémiques religieuses. Ces revues, *La Russie orthodoxe* (en russe) et *La Vie orthodoxe* (en russe et en anglais) manifestent en effet une tendance nettement anti-catholique. [... on] s'occupent des jeunes dans les « Groupes de Saint-Vladimir », mais on est plus soucieux de sauvegarder chez eux un certain particularisme national que de les préparer à la vie américaine. Ce n'est certes pas à Jordanville qu'on célébrera la liturgie en anglais, comme cela se fait chaque dimanche au Séminaire de Saint-Vladimir.

Le troisième groupe orthodoxe russe, celui qui dépend du Patriarcat de Moscou, est en train de perdre les nombreux fidèles qui s'étaient ralliés à lui dans l'immédiat après-guerre. Il lui reste une quarantaine de paroisses, trois évêques et 50 000 fidèles environ. Parmi ceux-ci beaucoup n'ont jamais eu de la sympathie pour le régime soviétique ; le rétablissement du patriarcat dans la Sainte Moscou avait suscité un enthousiasme, hélas éphémère ; maintenant c'est le désarroi.

Pour avoir un tableau à peu près complet de l'orthodoxie en Amérique, il faut ajouter le groupe roumain, dont le centre se trouve à Cleveland (Ohio), les Serbes et les Syriens Melchites, ayant chacun deux évêchés, les Albanais et les Bulgares, ayant un évêché chacun.

L'Annuaire des Églises américaines de 1953 donne pour les États-Unis le chiffre de 2 353 783 chrétiens orthodoxes. Il est dès lors compréhensible que l'archevêque Michel de New York se soit efforcé d'obtenir la reconnaissance de l'Église orthodoxe aux É.-U. sur un pied d'égalité avec les protestants, les catholiques et les israélites. L'année dernière trois états — New York, Wisconsin et Massachusetts — avaient déjà légalement reconnu l'Église orthodoxe.

Trois problèmes se posent devant l'orthodoxie en Amérique : la multiplicité des juridictions indépendantes, le dépassement d'un nationalisme étroit pour sauvegarder les valeurs religieuses essentielles et le problème d'une adaptation prudente, p. ex. l'usage de l'anglais comme langue liturgique. La solution de ces problèmes décidera de l'avenir de l'orthodoxie en Amérique.

5.

Les Églises orthodoxes en Amérique du Sud[6]

Georges Rochcau

L'une des plus vastes églises de Sao Paulo au Brésil est la cathédrale orthodoxe syrienne. Non loin, plus modeste, se dresse la cathédrale russe. Dans les différents quartiers ou faubourgs de cette ville immense, il y avait en 1950 au moins six églises ou chapelles orthodoxes, russes en majorité. Leur nombre s'est certainement accru depuis.

Dans l'État du Goiás, à quelque 1200 km de Rio de Janeiro, j'ai rencontré des Russes qui n'avaient pas vu un prêtre orthodoxe en vingt-cinq ans.

À Bahia, l'ancienne capitale du Brésil, j'étais allé rendre visite à une famille russe arrivée depuis peu d'un camp d'Autriche. « Nous serions très bien ici, me dirent-ils, si seulement il y avait à Bahia une église orthodoxe. Il y a bien la paroisse syrienne, c'est là que s'est mariée notre fille le mois dernier, mais le dimanche nous n'y allons jamais : c'est trop différent de chez nous, nous n'y comprenons rien. »

Je crois que certaines remarques illustrent fort bien la situation des orthodoxes au Brésil et même dans toute l'Amérique du Sud.

Dans beaucoup de grandes villes, à Rio de Janeiro, Sao Paulo, Montevideo…la langue a entraîné la fondation d'églises : Curitiba et Porto Allegre au Brésil, Carmen del Paraná au Paraguay, Mendoza. en Argentine, etc. Partout ailleurs, il n'y a rien.

L'immigration orthodoxe en Amérique du Sud comprend trois groupes distincts :

1. Les immigrants du Proche-Orient, des Syriens en majorité, que l'on appelle au Brésil : « les Turcs », dont l'état religieux est assez satisfaisant. Beaucoup de Syriens sont devenus fort riches, en particulier à Sao Paulo et à Santos, et c'est ce qui explique la magnifique cathédrale syrienne.

2. Les immigrants russes et ukrainiens arrivés au début du siècle ou, pour un petit nombre, après la révolution de 1917. Parmi ces immigrants il faut constater avec regret que la majorité a perdu toute foi et tend, bien souvent, vers le communisme. Une minorité a adhéré à l'Église baptiste. Quelques personnes, surtout parmi les derniers arrivés, sont restées orthodoxes, plus ou moins ferventes.

3. Les immigrants russes arrivés depuis 1947 d'Allemagne, d'Autriche, d'Italie ou de Chine, en majorité orthodoxes fervents. L'ancienne immigration russe, surtout celle des premières années du siècle a pu, grâce à l'aide du gouvernement tsariste, faire construire dans les principales villes des églises convenables. La nouvelle immigration, du fait de son nombre et de sa dispersion dans les quartiers périphériques des villes tentaculaires d'Amérique du Sud, a entraîné, au cours de ces dernières années, la fondation de nouvelles paroisses installées le plus souvent dans des locaux de fortune : baraques, appartements, etc.

Presque tous les Russes du Brésil sont sous la juridiction de Mgr Théodose, archevêque orthodoxe du Brésil, installé dans le pays depuis de longues années et citoyen brésilien. Mgr Théodose relève du Synode orthodoxe des églises russes à l'étranger.

En Argentine, la situation est plus complexe et une lutte très vive oppose les représentants de l'Église Synodale, qui groupe surtout les immigrants récents, et le clergé orthodoxe installé à Buenos Aires depuis de longues années et qui se trouve pratiquement en marge de toute juridiction. Cette lutte, qui porte surtout sur la possession des anciennes églises, entretient un malaise constant chez les orthodoxes d'Argentine.

Au Chili, les deux églises de Santiago relèvent, l'une et l'autre, de l'Église Synodale.

Il n'est pas facile d'évaluer avec précision le nombre de Russes orthodoxes vivant en Amérique du Sud. Je ne puis indiquer qu'un ordre de grandeur : au Brésil 15 à 20 milles, en Argentine 10 à 15 milles, au Chili 2 à 3 milles et à peu près le même nombre au Paraguay. Dans chacun des autres pays d'Amérique du Sud, le total ne doit pas dépasser quelques centaines, sauf, peut-être, au Vénézuéla.

Pour juger de la situation religieuse des orthodoxes, il faut tenir compte des éléments suivants :

1. Un nombre important de fidèles, tant catholiques qu'orthodoxes, cesse toute pratique religieuse en arrivant dans les pays d'immigration, sauf lorsqu'ils émigrent en groupe, accompagnés par leurs prêtres.

2. Dans toute l'Amérique du Sud, on constate une abondance relative du clergé, catholique ou orthodoxe, dans les grandes villes et ailleurs une pénurie fortement marquée. Les orthodoxes n'ayant aucun séminaire en Amérique du Sud ne peuvent assurer un recrutement normal et la majorité de leur clergé est âgé. ... Ceci entraîne à plus ou moins longue échéance un abandon de toute pratique religieuse.

3. Dans la plupart des régions d'Amérique du Sud, en dehors des quelques grandes villes ou de certains centres agricoles, la concentration d'orthodoxes d'une même langue est trop faible pour qu'un prêtre et sa famille puissent s'y installer à demeure. Presque partout les communications terrestres sont trop difficiles et les communications aériennes trop onéreuses pour que les prêtres puissent facilement visiter les fidèles isolés. Les chrétiens les plus fervents sacrifient souvent des avantages matériels pour ne pas quitter les villes où existent des églises orthodoxes.

En résumé, ou peut affirmer que l'ensemble de la situation des orthodoxes vivant en Amérique du Sud est difficile du fait de la dispersion des immigrants et du manque de prêtres. Les immigrants, arrivés ces dernières années des camps d'Europe ou d'Extrême-Orient, ont redonné une certaine vigueur aux communautés orthodoxes russes, mais il est à craindre que si les Églises orthodoxes n'envoient pas en Amérique du Sud de jeunes prêtres en nombre suffisant, ces nouveaux arrivants ne perdent à leur tour tout contact avec l'église et toute pratique religieuse.

6.

Les missions étrangères dans l'Église orthodoxe russe[7]

B. Bolshakoff

6.1 L'introduction

Beaucoup croient que l'Église orthodoxe n'a pas été missionnaire et n'a point eu le souci de convertir au Christ les païens, les musulmans et les juifs. En réalité, cette Église a eu depuis bien longtemps des missions qui furent nombreuses et produisirent des fruits abondants. De même que les tribus germaniques de l'Occident furent converties au Christ par les missionnaires venus de l'Irlande, de Rome, et des pays anglo-saxons, ainsi les Slaves le furent par des missionnaires byzantins. On sait que saints Cyrille et Méthode créèrent au IXe siècle un alphabet slave et traduisirent en cette langue plusieurs livres liturgiques.

L'Écriture sainte fut également traduite de bonne heure dans cette langue. Les Serbes, les Bulgares, les Tchèques et les Polonais furent les premiers Slaves évangélisés par les Byzantins. Ces deux dernières populations, toutefois, passèrent assez tôt au rite latin, à cause de l'influence de leurs voisins allemands. Quant à l'activité missionnaire des Byzantins eux-mêmes, elle fut cause de conflits entre Rome et Constantinople, notamment à propos de la Bulgarie, réclamée par les uns et les autres. Ce conflit fut une des raisons qui amenèrent plus tard la rupture définitive entre les deux chrétientés.

6.2 L'évangélisation de la Russie

La Russie, elle aussi, fut évangélisée par Byzance. Bien que les Latins et les Bulgares aient cherché à convertir les Russes, ceux-ci passèrent sous la juridiction de Constantinople presque aussitôt après leur christianisation au Xe siècle. Le Grand-Duc e Kiev, saint Vladimir, fut baptisé en 987. Un an après, il fit conférer le baptême aux habitants de sa capitale. On croit généralement que les deux premiers archevêques de Russie furent des Bulgares, sujets du patriarche bulgare d'Ochrida.

Mais le royaume bulgare fut bientôt conquis par les Byzantins et le patriarcat bulgare supprimé. En 1037, un prélat grec, Théopemptos arriva à Kiev. À ce moment, l'Église russe devint une province ecclésiastique du patriarcat de Constantinople, situation qui dura jusqu'en 1448. Étant donné que les Slaves de Russie n'avaient qu'une religion païenne peu développée et sans organisation de caste sacerdotale, leur conversion fut rapide. Le professeur N. Golubinskij, le meilleur historien de la Russie chrétienne, croit que tous les Slaves russes furent baptisés sous le règne de saint Vladimir. Ce n'est qu'à Novgorod que les missionnaires auraient rencontré de la résistance, organisée par le prêtre païen Bogomil. Les tribus finnoises elles aussi se montrèrent moins dociles dans la région de Rostov en 1070 et ensuite à Murom. Ces Finnois avaient, eux, une puissante caste sacerdotale. Prêché en langue étrangère, le christianisme rencontra dans ces régions une opposition forte, quoique courte. Saint Léonce et saint Isaïe, évêques de Rostov arrivèrent à christianiser les tribus finnoises de Méria et de Ves, qui adoptèrent graduellement la religion orthodoxe et la langue slave. La tribu de Murom fit de même, et la fusion des Slaves et des Finnois deviendra la branche la plus puissante du peuple russe, appelée les Grand-Russiens.

Deux tribus polonaises, les Viatitchi et les Radimitchi, furent converties à la fin du XIIe siècle. Ces peuplades habitèrent la Russie Blanche moderne, ainsi que certaines régions de la Grande Russie. Tandis que les Polonais occidentaux adoptèrent le rite latin et devinrent ainsi une nation séparée, leurs frères orientaux, restés orthodoxes, formèrent la nation russe avec les autres Slaves orientaux et les Finnois. Mais les Polonais orientaux demeurèrent longtemps attachés à leur paganisme, et ne devinrent chrétiens complètement qu'en. 1445. Les Caréliens, les Finnois baltiques, sujets de la république de Novgorod-la-Grande, furent définitivement baptisés en 1227.

Tout le labeur de la christianisation de l'Europe orientale fut en grande partie l'œuvre des moines russes, surtout de ceux de la laure des Cavernes de Kiev, fondée en 1062. Les moines de Kiev établirent en Russie plusieurs monastères, et formèrent des missionnaires. À la veille de l'invasion mongole, l'Église russe était encore une province du patriarcat de Constantinople et possédait quinze diocèses, plusieurs centaines de paroisses, une centaine de monastères et de nombreuses institutions. Les Mongols attaquèrent la Russie en 1240. Les divisions entre les princes facilitèrent la conquête du pays. Sauf la république de Novgorod et quelques principautés de l'Occident, toute la contrée devint la proie des conquérants mongols, qui toutefois, après le pillage du pays, rentrèrent chez eux, imposant un tribut aux princes russes sous la surveillance de leur Grand-Duc, responsable du payement de l'impôt. Les Mongols, du reste, confirmèrent toutes les possessions et tous les privilèges de l'Église russe.

6.3 Après l'invasion mongole

Mais l'invasion mongole avait changé la situation intérieure de la Russie. Le centre du pays passa de Kiev au Nord, tout d'abord à Vladimir, ensuite à Moscou, où le primat de Russie, Pierre (1308-1326), avait choisi sa résidence. Bientôt aussi cette ville devint la capitale du Grand-Duc Jean. Les premiers temps de la domination mongole furent une époque pénible pour les Russes. Leur activité missionnaire diminua beaucoup. Cependant, en 1261, ils établirent un siège épiscopal à Saraï, capitale de la Horde d'Or, dont le khan était le suzerain des princes russes. Les Mongols professaient en ce temps-là une religion moralisante, semblable au confucianisme. Ils pratiquèrent la tolérance religieuse, et les chrétiens, comme les musulmans et les païens, étaient représentés à la cour. Le khan Berké autorisa les Russes à fonder un évêché dans sa capitale, pour ceux d'entre eux qui y résidaient. Il permit également à tous ceux qui le désiraient de se faire baptiser. C'est ainsi que plusieurs paroisses et même des monastères furent créés à Saraï. Le premier converti mongol fut le neveu même de Baty-Khan, le conquérant de la Russie. Il devint moine près de Rostov, en Russie orientale, et fut canonisé après sa mort tout comme Pierre de Rostov, en 1290. Une autre convertie célèbre fut la princesse Kontchaka (Agathe), sœur du khan Uzbek, qui avait épousé le Grand-Duc Georges de Moscou en 1315. Quant aux Mongols de la Horde d'Or, ou Tatars, ils embrassèrent l'Islam en 1313, avec le khan Uzbek.

La conversion de princes et de nobles mongols continua néanmoins. Les ancêtres des grandes familles de la noblesse russe, les Godunov, les Zubov, les Jusupov étaient des princes mongols devenus chrétiens. Après la première grande défaite des Mongols par les Russes à Kulikovo en 1380, l'activité missionnaire de la Russie reprit et se développa considérablement. C'est d'alors que date la fondation de la célèbre laure de la Sainte-Trinité près de Moscou, en 1340, par saint Serge de Radonez, qui rajeunit le monachisme russe, et encouragea presque tous les missionnaires de ce temps. Deux cents monastères furent fondés sous la domination mongole.

Le plus grand missionnaire de cette période fut saint Étienne (1345-1396), évêque de Perm, apôtre des Komis, Finnois de l'Oural. Novgorodien, Étienne était devenu moine au monastère de Saint-Grégoire de Rostov, sous le savant archevêque byzantin, Parthénios. Éduqué par ce dernier, Étienne, sous l'influence de saint Serge de Radonez, décida de consacrer sa vie à la conversion des Komis ou Zyrianes. Il étudia la langue des Komis et composa pour eux un alphabet. En 1379, il commença sa prédication, mais, devenu évêque de Perm, il rencontra autour de lui au commencement de son épiscopat une grande opposition de la part de ce peuple. Il s'en rendit maître cependant, et traduisit pour les Komis toute la sainte Écriture dans leur langue. Il fonda plusieurs paroisses et deux monastères. Son successeur, Jonas, acheva son œuvre. Saint Étienne de Perm est certainement le plus grand missionnaire de toute la Russie. Un de ses principes était qu'il fallait prêcher le christianisme dans la langue des indigènes. Il fit traduire tous les livres liturgiques, et célébrer les offices en cette langue. Il voulait également que les coutumes populaires soient respectées autant que possible. La conversion des Komis fut solide. Leurs descendants sont restés plus fidèles à l'orthodoxie que les Russes, même, semble-t-il, sous le régime soviétique.

6.4 La Lithuanie

Alors que la Russie kiévienne avait été dévastée par les Mongols et que la Russie moscovite était devenue tributaire de ses envahisseurs, un autre état avait paru sur la scène de l'Europe orientale. La peuplade obscure et encore païenne des Lithuaniens, parents des Slaves, vivait au littoral sud de la Baltique. Elle profita du malheur russe pour fonder un état puissant, formé de la plus grande partie des principautés occidentales de la Russie kiévienne. Le prince lithuanien Mindovg commença ses conquêtes en 1248, et avait fondé un état important avant 1263, lorsqu'il fut assassiné. L'anarchie qui suivit sa mort continua jusqu'en 1316, date de l'avènement du Grand-Duc Gedimin de Lithuanie. Celui-ci eut pour successeur en 1345 son fils Olgerd qui, devenu orthodoxe en 1318, se montra très favorable à l'Église et mourut sous le froc monastique en 1377, après avoir été marié deux fois à des princesses orthodoxes. La grande majorité de ses sujets furent des Ukrainiens et des Blancs-Russiens, tous orthodoxes. Quant aux Lithuaniens, ils demeurèrent païens jusqu'au règne d'Olgerd, qui essaya de les faire baptiser, mais avec peu de succès. Ils résistèrent à l'évangélisation, et assassinèrent trois des nobles de la cour, qui furent plus tard canonisés : S. Antoine, S. Jean et S. Eustache de Vilno.

Jagellon, le successeur d'Olgerd, embrassa le rite latin lors de son mariage avec Hedwige, reine de Pologne. Les descendants de Jagellon, rois de Pologne et grands de Lithuanie, travaillèrent avec persévérance à latiniser leurs sujets et à détacher de Moscou ceux d'entre eux qui étaient orthodoxes pour les rendre catholiques en leur laissant leur rite oriental. En 1595, les prélats orthodoxes, à l'exception de ceux de Pologne, signèrent à Brest-Litovsk un acte d'union avec le siège de Rome. Ceci provoqua dans les masses une dure résistance, et amena les guerres d'Ukraine, le partage de la Pologne et la suppression de l'union par les gouvernements russes, en une série d'interventions qui ne cessèrent guère depuis la fin du XVIIIe siècle jusqu'en 1950. Les Lithuaniens eux-mêmes restèrent toujours des Latins très fervents.

6.5 L'offensive missionnaire à l'Est à partir du XVe siècle

Le grand-duché de Moscou s'était accru rapidement durant le règne de Basile II lorsque l'Union de Florence fut signée en 1439. Le dernier primat de Russie d'origine grecque, Isidore, signa l'Union et fut créé cardinal. Les prélats russes cependant rejetèrent son acte et proclamèrent en 1448 l'autocéphalie de l'Église russe, c'est-à-dire son indépendance à l'égard de Constantinople qui s'était unie à Rome au concile de Florence. La majorité des saints russes canonisés avant 1439 sont cependant vénérés par les Russes catholiques, comme on peut s'en rendre compte dans leurs livres liturgiques publiés à Rome. C'est aussi durant le règne de Basile II que les Russes commencèrent leur offensive vers l'est, offensive qui continue encore jusqu'à présent. En 1452, pour diviser les Tatars, Basile II créa un royaume tatar vassal à Kasimov, qui dura jusqu'en 1681, et plusieurs rois de Kasimov furent baptisés ainsi que les nobles et les paysans du royaume.

Le royaume tatar de Kazan, fondé en 1438, fut conquis par les Russes en 1552. Trois ans après, le concile de Moscou choisit Gurij, higoumène de Selizarov, comme premier archevêque de Kazan. La conversion des Tatars et des Finnois lors de cette nouvelle conquête fut difficile et longue. Les troubles de la Russie du début du XVIIe siècle suivis par le Raskol et le schisme des raskolniks quelques décades plus tard arrêtèrent pour ainsi dire toute activité missionnaire. Il y eut même un recul sensible : en 1721, 30 000 Tatars apostasièrent, et la situation empira. Une reprise de l'offensive missionnaire eut lieu sous le règne de l'impératrice Elisabeth, lorsque de grandes masses de Tatars et de Finnois, musulmans et païens, devinrent chrétiennes, grâce à une série de lois qui accordaient aux convertis de grands privilèges, et créaient des difficultés à ceux qui résistaient. En 1760, le chiffre des conversions s'éleva à 217 258. Mais Catherine II, qui était hostile à ces conversions en masse par des méthodes administratives, abandonna l'offensive commencée. En conséquence, beaucoup de ces néo-convertis apostasièrent et retournèrent à l'islam vers la fin du XVIIIe siècle. Au siècle suivant, l'apostasie d'un millier de Tatars se produisit. Le Saint-Synode commença alors à s'inquiéter du problème. On dut reconnaître que l'apostasie avait été inévitable en raison de l'administration des évêques, qui avaient complètement négligé la langue populaire. Les Tatars ne possédaient pas de texte intelligible de l'Écriture et les offices se faisaient pour eux en slavon. Pas d'écoles, pas de contacts de la part des chrétiens russes. Les Tatars musulmans au contraire possédaient des écoles, une littérature appropriée et déployaient un grand zèle missionnaire. Leur propagande fut bien menée parmi les Finnois de la Volga, les Tchouvaches et les Tchérémisses. Un danger d'apostasie totale en faveur de l'Islam chez les Tatars et les Finnois orthodoxes de la Volga fut redouté, et le gouvernement de Saint-Pétersbourg fut contraint d'agir.

6.6 L'organisation des missions au XIXe siècle

Une académie théologique avec un département missionnaire fut fondée à Kazan en 1842, et une traduction tatare de la Bible fut publiée. Enfin, le célèbre orientaliste Nicolas Ilminskij (1822-1891) fut chargé de fonder et de former des écoles pour ces populations. C'était un polyglotte remarquable, possédant l'hébreu, le grec, le latin, l'arabe, le persan, le tatar, le turc, le mordvine, le tchouvache, le kirghiz, l'altaï et le iakoute. Mais il était aussi homme d'action et de grande prudence. Selon Ilminskij, la principale raison des travaux médiocres des missionnaires de Kazan résidait surtout dans le manque de préparation des catéchumènes avant le baptême, et dans l'abandon dans lequel on les laissait ensuite. Il proposa la traduction de l'Écriture et des livres liturgiques en tatar moderne et en caractères russes, et purifia la langue tatare des mots arabes et persans. Il fut de cette manière un précurseur d'Atatürk, le grand réformateur de la Turquie moderne.

En 1864, le Saint-Synode publia un décret prescrivant la célébration de la liturgie et la prédication aux indigènes de Kazan et autres non-Russes de l'Empire exclusivement en leur propre langue. L'archevêque Antoine de Kazan fonda en 1867 la Confrérie de St-Gurij pour l'application des nouveaux règlements dans son diocèse. En 1893, les Tchérémisses orthodoxes atteignirent, dans le diocèse de Kazan, le chiffre de 1 181 151, les Tchouvaches, celui de 475 964, les Mordviniens 26 648, les Votiaks 6 227, les Tcheriaks 3 268 et les Tatars plus de 50 000. En 1904, la confrérie possédait dans le même diocèse plus de 150 écoles pour enfants orthodoxes non russes.

En 1869, un Tatar baptisé, Basile Timofeev, fut ordonné prêtre, ainsi que huit autres pour les Tchouvaches, 3 pour les Tchérémisses et 2 pour les Votiaks. Le comité de traduction de Kazan avait publié avant la fin du siècle 1 599 385 exemplaires de livres de la sainte Écriture ou de manuels de dévotions. Le diocèse de Samara dans la région de la Volga comptait, en 1899, 74 prêtres parlant tchouvache, aidés de 17 diacres et de 37 catéchistes. La plus grande majorité d'entre eux étaient de race tchouvache. Dans les sept diocèses de l'ancien royaume de Kazan, il y eut, en 1899, d'après les statistiques, 323 écoles missionnaires avec 11 145 élèves. Le nombre des orthodoxes non russes s'y comptait par millions. Tous les Finnois et tous les Tatars possédèrent dès lors la Bible et les livres liturgiques en leur langue, et étaient dotés d'un clergé indigène. C'est ainsi que les Komis, les Tatars, les Tchouvaches, les Tchérémisses, etc., restèrent fidèles à l'orthodoxie, plus peut-être que les Russes eux-mêmes.

Il serait très difficile d'écrire en ce moment l'histoire et la situation actuelle des missions russes pour les indigènes du royaume d'Astrakhan, pour les Kalmouks, etc. Ces Mongols bouddhistes furent les derniers sujets entrés dans l'Empire russe au XVIIe siècle. Un bon nombre d'entre eux furent baptisés. La mission russe aux Finnois du Nord fut couronnée de succès. Les Caréliens de Finlande et des provinces d'Olonec et de Tver sont chrétiens depuis longtemps. En 1917 leur nombre s'élevait à 250 000 orthodoxes. Il y a à présent environ 70 000 Caréliens orthodoxes en Finlande, où ils forment une province ecclésiastique sous la surveillance du patriarcat de Constantinople, étant donné les difficultés de relations avec Moscou. Quant aux autres Caréliens, ils font partie de l'Union soviétique.

6.7 La Carélie et l'Estonie

Les moines de Valaam et de Saint-Alexandre de Svir travaillèrent beaucoup à l'évangélisation des Caréliens. Leur langue liturgique est le finnois. Un autre grand monastère russe des régions arctiques, celui de Solovki, fondé en 1429, s'occupait depuis sa fondation de la conversion des Lapons et des Samoyèdes. Le principal missionnaire des Lapons fut S. Tryphon, le fondateur de la laure de la Sainte-Trinité de Pecenga en 1532.

Les moines russes se sont occupés en outre de la conversion des Estoniens, autre peuple finnois. Les Estoniens de l'Est furent convertis au moyen âge. S. Corneille, higoumène des « Cavernes » de Pskov, acheva de les christianiser au XVIe siècle. Ceux de l'Ouest furent convertis par les Danois et les Allemands, et entrèrent dans l'Église latine. Ils passèrent au luthéranisme lors de la Réforme protestante. Au XIXe siècle, beaucoup d'Estoniens embrassèrent l'orthodoxie ; en 1936, les statistiques mentionnaient 220 000 Estoniens orthodoxes, dont 120 000 Estoniens purs. Ils formaient une province ecclésiastique sous la vigilance du patriarcat de Constantinople, pour la raison mentionnée ci-dessus pour les Finlandais. Après l'incorporation définitive de la république estonienne à l'Union soviétique en 1945, le patriarcat de Moscou organisa pour les Estoniens orthodoxes le diocèse de Tallin. Le titulaire actuel de ce siège est Mgr Romain Tang, Estonien. La langue liturgique est l'estonien. Les Lettons, leurs voisins méridionaux, comptaient, en 1936, 240 000 orthodoxes dans leur république, dont environ un tiers de Lettons purs. Ils avaient été convertis à l'Église latine au moyen âge, mais une grande partie d'entre eux avait également passé au protestantisme. Au XIXe siècle, plusieurs dizaines de milliers d'Estoniens devinrent orthodoxes. Avant la dernière guerre, alors que la Lettonie était une république indépendante, ils furent organisés comme les Estoniens, et forment à présent le diocèse orthodoxe de Riga, dépendant du patriarcat de Moscou, avec, comme langue liturgique, le letton. L'évêque est russe, mais plusieurs prêtres lettons font les services. On sait que les Estoniens et les Lettons furent conquis par la Russie sous Pierre le Grand seulement, il y a deux siècles et demi. Entre les deux guerres, ils s'étaient constitués en républiques indépendantes.

6.8 L'Oural et la Sibérie

La conversion des tribus finnoises de l'Oural et des environs a commencé au XVIe siècle. Elle fut l'œuvre de S. Tryphon de Vjatka, qui baptisa des milliers de Vogouls et de Votiaks. La première paroisse qui eut un prêtre indigène fut formée seulement au début du XVIIIe siècle à Elovo, où, en sept ans, 900 païens reçurent le baptême. La Bible fut traduite en votiak au XIXe siècle, et, en 1831, on y établit une école missionnaire. Ils forment à présent un propre diocèse, celui d'Izevsk et Udmurt, et célèbrent les offices en leur langue.

Les Russes commencèrent de conquérir la Sibérie en 1581, et achevèrent de s'y implanter en 1858. Le premier diocèse sibérien, celui de Tobolsk, fut fondé en 1621. En 1702 il n'y avait encore, pour toute la Sibérie, que 160 églises. Bien que les métropolites de Tobolsk, Jean Maksimovic et Philothée Lesinskij se soient occupés de la conversion des populations sibériennes et en aient baptisé des milliers, la première mission régulière y fut fondée seulement en 1830. Le chef en fut le célèbre missionnaire, l'archimandrite Macaire Glucharev qui établit sa résidence à Ulala, dans les montagnes de l'Altaï. Macaire traduisit la Bible et les livres liturgiques dans la langue des indigènes, fonda des écoles et organisa ses convertis en villages, un peu comme l'avaient fait les jésuites au Paraguay. À la fin du XIXe siècle, la mission d'Altaï comptait 25 000 convertis, 48 écoles et 188 villages chrétiens. Une école missionnaire fut fondée à Bijsk. La mission d'Altaï existe toujours, et est à présent dirigée par Mgr Nicandre, évêque de Bijsk, suffragant du célèbre missionnaire, l'archevêque Juvénal d'Omsk et aujourd'hui évêque d'Omsk. Outre la mission d'Altaï, la Sibérie orientale pouvait se glorifier de celle des Kirghiz de Tomsk et des Toungouzo-Iakoutes d'Enisejsk.

Saint Innocent d'Irkutsk (+1731), l'apôtre de la Sibérie orientale, commença ses travaux apostoliques auprès des Iakoutes et des Bouriates immédiatement après sa nomination au siège de sa métropole. Les Bouriates ou Mongols septentrionaux furent baptisés en assez grand nombre par l'archevêque Parthénios Popov (+1873), qui fonda 11 missions pour ces populations et baptisa 8 000 Bouriates. Avant 1917, le chiffre des baptisés y était de 50 000, c'est-à-dire le cinquième de la population totale. Le reste était encore bouddhiste. Le bouriate fut employé comme langue liturgique, dans la mission dirigée alors par l'évêque de Kirensk, dont le clergé était en grande partie indigène. Aujourd'hui, les Bouriates sont administrés par l'archevêque d'Irkutsk. Quant aux Toungouzes, ils sont à présent tous devenus orthodoxes.

Mgr Innocent Popov-Veniaminov, le plus célèbre missionnaire russe au XIXe siècle, acheva l'évangélisation de la Sibérie orientale. Il acheva la conversion de 300 000 Iakoutes, peuplade turque, la plus virile et la plus capable de la Sibérie. Il fonda aussi la mission du Kamtchatka, et commença l'évangélisation des indigènes des provinces sibériennes situées dans les régions du Pacifique.

Il faut dire aussi quelques mots des missions russes du Caucase. Durant le XIXe siècle, un peu moins de 100 000 Ossètes furent baptisés. Le nombre des musulmans qui reçurent le baptême y fut très considérable. Depuis la révolution bolchevique, le mouvement n'a point cessé, et des musulmans du Turkestan ont embrassé l'orthodoxie. Ils forment aujourd'hui une partie considérable des fidèles des diocèses d'Alma-Ata et de Tachkent.

6.9 Les missions en Chine

En dehors des territoires qui constituent à présent l'Union soviétique, il y eut également de nombreuses missions russes. La plus ancienne et la plus importante est celle de Chine. En 1685, lors de la guerre d'Albasine, 350 Cosaques furent pris par les Chinois, et furent retenus comme prisonniers. Après la conclusion de la paix entre les deux pays, plusieurs restèrent à Pékin, comme soldats du détachement cosaque de la garde impériale. Le gouvernement de Pékin les autorisa à avoir une église orthodoxe avec un prêtre. En 1715 la « mission russe » y était présidée par un archimandrite, qui remplissait en même temps les fonctions d'ambassadeur à Pékin. Le traité de Kjachta signé en 1728 limita à quatre prêtres et à six laïcs le personnel de la mission. Leur but était avant tout d'administrer les sacrements et de célébrer la liturgie pour les descendants des Cosaques d'Albasine devenus, par leurs mariages, de purs Chinois. Les missionnaires se mirent à l'étude de la langue et de la culture chinoises, et étaient à la fois des fonctionnaires salariés de la cour de Pékin et des diplomates russes. Cette situation extraordinaire dura jusqu'en 1861. Un laïc russe fut alors nommé ambassadeur à Pékin. Mais de cette manière s'étaient formés à Pékin, parmi les Russes de cette ville, plusieurs grands sinologues qui traduisirent en chinois les livres liturgiques et écrivirent des ouvrages et des dictionnaires fort remarquables. Il faut citer ici les noms de Hyacinthe Bicurin (1777-1853), de Pallade Katharslcij (1817-1878) et de Flavien Gorodeckij (1841-1915), les plus célèbres missionnaires et les meilleurs savants de la mission de Chine. Celle-ci eut comme centre la grande propriété de Bei-Guan à Pékin avec des églises, des couvents, des écoles, etc. Quatre cents Chinois orthodoxes furent martyrisés dans la guerre des Boxers en 1901. On avait commencé un travail d'évangélisation auprès des Chinois proprement dits en 1858, et 500 baptêmes avaient eu lieu alors parmi les indigènes. La mission se développa graduellement, elle comptait récemment des fidèles, groupés en 250 paroisses. L'archevêque de Pékin est l'exarque du patriarche de Moscou pour l'Asie orientale, et réside à Bei-Guan. Il est russe, mais son suffragant, Mgr Siméon Du, est chinois, et réside à Changhaï. Il est intéressant de noter que le gouvernement de Mao Tsé Tung chassa tous les missionnaires occidentaux catholiques ou protestants, alors que le gouvernement soviétique protégea les Russes, et les communistes chinois laissent vivre en paix jusqu'à présent leurs missionnaires. On s'attend cependant à ce que les Chinois orthodoxes soient, dans un avenir assez proche, indépendants du patriarcat de Moscou. Les communistes chinois, loin de les en empêcher, encouragent plutôt les Chinois catholiques ou protestants à devenir orthodoxes et poussent à une Église nationale.

6.10 Les missions en Mandchourie et au Turkestan

La mission orthodoxe fut également florissante en Mandchourie. Ce pays, extrêmement riche, qui était le domaine ancestral de la dernière maison impériale de Chine, fut, depuis 1898, dominé par la Russie, qui y construisit le grand chemin de fer de la Chine orientale. Les Russes qui vivaient sur le territoire exploité, furent déclarés jouir de l'extraterritorialité, et eurent pour capitale la grande ville de Charbin, fondée par eux en 1898. Bien que les Russes y aient perdu la moitié de leur influence au profit des Japonais depuis 1905, ils gardèrent cependant toujours le Nord du pays. Et à l'issue de la révolution bolchevique, une grande multitude de réfugiés russes vint trouver asile en Mandchourie, et Charbin devint la capitale de l'émigration russe en Extrême-Orient. Un diocèse y fut créé en 1922. En 1941, il comptait environ 100 000 fidèles, répartis en 69 paroisses, avec un clergé desservant de 217 membres. On y installa également une Faculté de théologie avec séminaire préparatoire, deux monastères et plusieurs institutions. Après la défaite du Japon, le métropolite de Mandchourie, Nestor, fut nommé exarque, mais il fut arrêté en 1948 en qualité de collaborateur des Japonais et déporté en Sibérie. À la suite de la guerre, la population orthodoxe de cette région diminua beaucoup. Il n'y a plus aujourd'hui qu'une quinzaine de paroisses, mais la Faculté de théologie y est encore vivante ainsi que les monastères. Plus de deux cents prêtres résident encore en Mandchourie, qui sert maintenant de point d'attache de la mission en Chine. Mgr Nicandre Viktorov, évêque de Tsitsikar, habite à Charbin. Il est le premier suffragant de l'archevêque Victor de Pékin.

En plus de la Chine proprement dite et de la Mandchourie, il y a encore une population orthodoxe d'environ 17 000 fidèles dans le Sin-Kiang, au Turkestan chinois. En 1936, les orthodoxes de Sin-Kiang formaient 7 paroisses, avec une église principale à Urumchi. L'archimandrite Juvénal Kilin, supérieur du monastère de N.-D. de Kazan à Charbin, fut sacré évêque de Sin-Kiang en 1936, mais il ne put entrer dans son diocèse. Il devint archevêque d'Omsk en Sibérie et à présent archevêque d'Izevsk et d'Udmurt. En 1948, le patriarcat de Moscou nomma comme administrateur de Sin-Kiang l'archiprêtre Dmitri Mlodanovskij, et le nombre des orthodoxes y a augmenté beaucoup depuis sa nomination. Le chinois est partout devenu langue liturgique, sauf dans les quelques paroisses qui servent aux Européens, où le slavon est demeuré en usage. Depuis la révolution jusqu'à la conquête de la Chine par les communistes, la mission russe de Chine fut sous la juridiction du Synode des évêques russes à l'étranger. Mais depuis la communisation de la Chine et la reprise des relations avec le patriarcat de Moscou dans cette région, quelques paroisses seulement sont encore sous la juridiction du Synode : à Hong-Kong, aux Philippines, en Indochine et en Indonésie.

6.11 Le Japon et la Corée

La mission russe du Japon fut fondée par Mgr Nicolas Kasatkin, qui arriva à Hakodate en 1861. Au bout de quelques années, 12 Japonais seulement avaient reçu le baptême, parmi lesquels celui qui devint le premier prêtre japonais, Paul Savabe. Le père Nicolas Kasatkin traduisit en japonais les livres liturgiques et la sainte Écriture. Une mission régulière fut organisée en 1871, et en 1875 les premiers prêtres japonais orthodoxes furent ordonnés. En 1904, on y comptait 28 300 fidèles dans les 260 missions. Sur les 39 prêtres, 3 seulement étaient russes ; tous les autres étaient japonais. La mission posséda aussi une école de catéchistes et un séminaire. Mgr Nicolas, le premier archevêque du Japon, mourut en 1912. La chute de l'empire des tsars et la révolution qui s'ensuivit ainsi que les difficultés suscitées par les militaristes japonais furent un très gros obstacle pour la mission. Le premier évêque japonais, Mgr Nicolas Ono, dut se retirer. L'Église japonaise, qui formait jusqu'alors un diocèse du patriarcat de Moscou, fut assujettie aux évêques russes des États-Unis, à la demande des autorités américaines qui occupaient le pays. On compte aujourd'hui 167 églises et chapelles orthodoxes au Japon, un archevêque, Mgr Benjamin Basaliga, américain d'origine russe, 19 prêtres et 23 catéchistes pour une population de 33 122 fidèles dont 14 350 seulement sont vraiment pratiquants. Le séminaire de Tokyo n'est pas encore rouvert et la situation financière des missions est très précaire. Ceux qui n'ont pas aimé se soumettre aux Américains ont formé une organisation à part, sous la présidence de Mgr Nicolas Ono, et qui est soumise à Moscou. La mission orthodoxe coréenne, fondation de celle du Japon, est très petite. Les paroisses du Sud dépendent de Tokyo, celles du Nord, de Moscou.

6.12 Conclusion

Le principe qui fut généralement en vigueur dans les missions orthodoxes et qui explique leur succès fut l'emploi de la langue vulgaire dans la liturgie et la prédication, et la traduction de la Bible. Le clergé indigène fut formé aussitôt que possible, et la propagation de l'évangile lui fut confiée. On visait aussi à former des Églises nationales autocéphales, indépendantes les unes des autres. Aux missionnaires, il était recommandé de n'imposer ni leur culture, ni leur langue, ni leurs coutumes à leurs néophytes, mais d'encourager le développement des institutions originelles. Les orthodoxes n'ont point cédé à un mirage de superorganisation, ou de sociétés missionnaires compliquées à la puissante bureaucratie. Ils ont donné à leur travail apostolique une souplesse bienfaisante et une sage lenteur organique de développement. Les résultats ne furent certes point médiocres, et donnèrent satisfaction à l'Église. Plusieurs milliers de païens et de musulmans ont été ainsi amenés à la foi depuis le XVIIe siècle et sont demeurés fidèles au Christ. Si la persécution bolchevique a failli briser tous les efforts, c'est une consolation de voir que ceux-ci, au contraire, continuent à porter des fruits.

6.13 Étienne de Perm

La figure missionnaire la plus remarquable sans doute de la Russie fut Étienne de Perm, canonisé par l'Église orthodoxe. Il est resté le modèle inégalable des missionnaires russes et le récit de sa vie est l'une des lectures populaires de ses compatriotes.

Étienne Charp naquit en 1340 à Ustyug sur la Dvina, dans une famille pauvre d'employés d'église. Il entra au monastère Saint-Grégoire de Rostov, où il parut d'abord voué à une carrière intellectuelle. Dieu cependant allait l'appeler à d'autres activités, mais sa première formation, qui fut solide, lui fut ensuite très précieuse.

À cette époque, les Zyrianes ou Komis, peuplant les forêts septentrionales de l'Oural, étaient encore païens. Bientôt le moine Étienne décida de se consacrer à leur évangélisation. Ce ne fut pas toutefois par un élan de sa vie spirituelle, le poussant à titre personnel vers la prédication aux païens, comme ce fut le cas d'autres moines russes. Étienne entendait bien faire œuvre d'Église et voulut être officiellement mandaté par elle et par elle exclusivement. Même lorsque par la suite son apostolat se heurta à des difficultés qu'une protection politique eût aidé à vaincre, il refusa de recourir à ce moyen, pourtant fréquemment utilisé dans l'histoire des missions russes. Il voulait faire uniquement œuvre d'Église.

Une première difficulté surgit au départ : la langue des Komis ne possédait pas d'écriture. Bien que la christianisation des autres régions du pays fût allée de pair, souvent, avec leur russification, Étienne se refusa à suivre cette voie : il ne voulait pas porter aux Komis une Parole divine qui ne fut pas proclamée dans leur propre langue. Il se mit donc avec soin à l'étude et y consacra plusieurs années. Puisque cette langue ne s'écrivait pas encore, il la dota lui-même d'un alphabet. Il suivait en ceci l'exemple illustre des saints Cyrille et Méthode qui avaient donné aux Slaves leur écriture en même temps que la foi chrétienne. L'initiative d'Étienne eut pourtant moins de conséquences durables : l'idiome local qu'il avait hissé au rang d'une langue littéraire fut après lui supplanté rapidement par le russe. Mais ce qui nous importe, c'est l'intention de l'apôtre d'insérer le christianisme dans la culture propre, fût-elle rudimentaire, du peuple évangélisé.

Le second travail d'Étienne fut la traduction de l'Évangile et aussi des textes liturgiques. C'est en effet un principe constant des liturgies orientales d'adopter la langue vivante du peuple qui y participe. Ce principe fut suivi dans l'antiquité et a continué de l'être à l'époque moderne.

La liturgie était d'ailleurs considérée par Étienne de Perm comme le tout premier moyen d'action missionnaire. La splendeur de sa célébration n'est-elle pas le témoignage le plus éloquent qui puisse être rendu à la majesté divine devant les païens ? Ne rend-elle pas Dieu présent au milieu de ceux qu'il veut sauver ? Aussi Étienne se hâta-t-il de construire à Ustvymsk, le centre le plus important des Komis, une église qu'il dédia à l'Annonciation de la Vierge et qu'il voulut aussi belle que possible, l'ornant des icônes qu'il peignait lui-même avec talent. L'église matérielle était ainsi une figure aussi adéquate que possible de l'Église spirituelle : en entrant dans la première, les païens se sentiraient portés à entrer dans la seconde. L'emploi de leur propre langue leur rendait en outre compréhensible une catéchèse liturgique qui commençait ainsi leur formation chrétienne.

Étienne de Perm ne se contentait pas cependant de cette première instruction. Il faut noter aussi que le baptême n'était pas administré à la légère : en vingt ans de mission, Étienne n'en fit que 700, au témoignage de son biographe Épiphane, ce qui indique déjà sans doute son souci de la qualité. Il ouvrit des écoles : adultes aussi bien qu'enfants, les nouveaux convertis devaient y apprendre le nouvel alphabet créé pour leur langue. Ils devenaient par là capables de lire eux-mêmes la Sainte Écriture. Des leçons doctrinales leur étaient d'ailleurs données, de façon à approfondir leurs connaissances religieuses. Il est arrivé trop souvent, dans l'histoire des missions, que l'instruction des néophytes soit abandonnée à un stade élémentaire... En 1864, un décret du Saint-Synode de Moscou ordonne que la liturgie soit célébrée et l'évangile prêché aux non-Russes de l'empire des Tsars uniquement dans leurs propres langues lignées. Et peut-être faut-il chercher là surtout l'explication de cette constatation faite par plusieurs auteurs : « La conversion des Komis fut solide. Leurs descendants sont restés plus fidèles à l'orthodoxie que les Russes, même, semble-t-il, sous le régime soviétique ».

Puisqu'il était moine lui-même, il n'est pas étonnant que l'apôtre des Komis ait fondé deux monastères, en plus des diverses paroisses qu'il organisa. La présence de ces monastères était un élément capital de la mission, contribuant à l'orienter clairement vers les valeurs spirituelles les plus hautes du christianisme, témoignant devant tout le peuple de la place centrale de la prière et de la vie intérieure.

L'accent mis ainsi sur l'aspect essentiel de la mission n'empêcha nullement Étienne de Perm d'agir en même temps sur le plan social. Si le spirituel est primordial, il ne supprime pas les exigences de la nature humaine.

Dans cette région encore fruste, les monastères remplirent aussi, comme ce fut le cas partout dans le monde chrétien, le rôle de centres de perfectionnement agricole. Étienne se fait le pourvoyeur de son peuple en temps de famine, parcourant lui-même des régions plus favorisées pour y solliciter des secours. Il fut encore le défenseur des Komis menacés par l'invasion.

Enfin, le premier missionnaire des Komis se préoccupa de trouver dès la première génération de baptisés des candidats au sacerdoce. Nous avons parlé des écoles d'approfondissement doctrinal qu'il avait instituées : elles permettaient de découvrir les aptitudes et les vocations. Par là aussi, Étienne de Perm créa une tradition dans l'esprit missionnaire russe, qui devait se manifester par la suite. On verra ses imitateurs s'efforcer eux aussi dans leurs missions de créer un clergé local aussi rapidement que possible et lui remettre la direction de l'Église récemment établie.

La missiologie pratique que suivit au XIVe siècle l'évêque de Perm rend donc un son étonnamment moderne et il n'est pas étonnant qu'elle ait fait école. Devenu en 1383 évêque de Perm, Étienne mourut en 1396 durant un séjour à Moscou. Son œuvre parmi les Komis fut continuée par les évêques Jérôme et Pitirim, qui tous deux payèrent leur zèle du sacrifice de leur vie. Le rayonnement mondial de l'orthodoxie devient ainsi de plus en plus un objet de préoccupation. Celle-ci se marque dans la place que prennent dans les ouvrages et les revues de l'histoire des missions orthodoxes et l'information sur les communautés orthodoxes de Chine, il ne faut d'ailleurs pas confondre église locale, communauté autour de l'évêque, avec église nationale.

6.14 Les missions orthodoxes du Japon et de Perse

Depuis le milieu du XVIIIe siècle, l'Église orthodoxe de Russie, et plus particulièrement le monachisme, a fait des efforts constants pour propager la foi chrétienne dans les régions proches du grand empire. Le missionarisme orthodoxe fut étroitement lié à la formation de l'empire russe et employa les mêmes voies que sa colonisation. Et dans tous les pays qui subissaient l'influence de leur puissant voisin, naquirent ainsi des centres religieux où se célébrait la divine liturgie selon le rite byzantin : c'est en effet par la splendeur des saints mystères que ces peuples de l'Asie se convertirent au christianisme.

Nous trouvons une mission à Kodiak (Alaska) (1794-1837) fondée et entretenue par les moines de Varlaam. Quand ceux-ci durent quitter le pays, un grand moine, « l'apôtre de l'Amérique russe », le futur métropolite de Moscou, Innocent, la dirigea et la développpa encore. Ces pays formaient avant la guerre un îlot orthodoxe composé de trois diocèses.

Après avoir évangélisé la Chine pendant deux cents ans, l'Église orthodoxe établit, en 1862, un centre au Japon, et rayonnait même de là sur les pays limitrophes. Cette mission, tout comme les missionnaires de l'Amérique non russe, était pourvue de tout le nécessaire par le service de procure de la Société missionnaire orthodoxe, fondée en 1870 à Moscou et réunissant les comités locaux de 44 diocèses (1896). Cette société possédait un capital mobilier très considérable et disposait de revenus annuels de plusieurs millions de roubles.

Parmi les œuvres orthodoxes à l'étranger, il faut encore mentionner la Société impériale orthodoxe pour la Palestine. Fondée en 1882 et placée sous le protectorat du

Grand-Duc Serge, elle avait non seulement pour but de venir en aide aux pèlerins, mais elle entretenait douze écoles russes en Palestine et centralisait en outre les fonds destinés aux monastères russes en Terre sainte et au Mont-Athos.

Il faut mentionner enfin, sinon du point de vue strictement missionnaire, au moins comme signe de la solidarité orthodoxe, les sommes spéciales prélevées sur l'avoir du Saint Synode de Pétersbourg et destinées à venir en aide aux églises pauvres ou à la propagande orthodoxe en Bucovine, Serbie, Monténégro, ou encore dans la Russie podcarpathique et en Pologne.

La Révolution a profondément modifié la situation des missions orthodoxes. Un de nos amis et collaborateurs s'est donné la peine de recueillir des données sur les différents centres missionnaires russes d'à présent.

Les deux documents qu'il nous a transmis sont de toute première main : le premier est une lettre de monseigneur Serge, évêque du Japon, le second de l'archimandrite Vital, qui administre la mission de Perse. Il y aurait encore à parler, pour être complet, de la mission aléoutienne de l'Amérique du Nord, de la mission chinoise, de la mission coréenne, et des nombreuses missions sibériennes, caucasiennes et touraniennes. Peut-être aurons-nous l'occasion de donner ultérieurement une notice sur celles-ci.

6.15 Lettre de l'archevêque Serge

18 février 1930,

4 Higashi-Koobaicho,

Surugadai, Kanda-Ka,

Tokyo, Japon, Archevêque Serge.

Bien-aimé,

Je répondrai assez succinctement à votre lettre, vu le manque de temps libre.

Il n'a pas paru d'ouvrages capitaux sur la Mission de l'Église orthodoxe au Japon, sauf le livre de Mme Palatonov : l'archevêque Nicolas, apôtre du Japon, d'un caractère plutôt littéraire. Des articles séparés concernant l'archevêque Nicolas parurent dans les périodiques édités par les Académies de Saint-Pétersbourg (Lecture chrétienne) et de Moscou (Messager théologique), en 1910-1911, à l'occasion du cinquantenaire de l'activité missionnaire de Mgr Nicolas.

L'archevêque Nicolas fut nommé, en 1860, chapelain près le consulat russe à Hakodate, arriva en cette ville en 1861, avec le grade de hiéromoine, fut en congé en Russie pendant un an (1869-1870), sollicita alors (en avril 1870) la fondation d'une Mission spirituelle au Japon, et, nommé archimandrite en qualité de chef de celle-ci, rentra au Japon et alla s'établir à Tokyo. En 1880, il vint pour la seconde fois en Russie, sut trouver de l'argent pour le soutien de la Mission, et repartit pour le Japon, après avoir été sacré évêque. À partir de cette date, jusqu'à sa mort, survenue le 3 (16) février 1912, il ne reparut plus en Russie. Ayant commencé son apostolat de 52 ans par... « zéro », il finit par voir le nombre de Japonais orthodoxes monter... En vérité, ce fut l'apôtre du Japon.

La Mission orthodoxe au Japon ne s'est jamais occupée de la « russification » des Japonais orthodoxes, n'a jamais enseigné « l'orthodoxie russe ». L'oubli absolu de toute politique et la prédication de la pure orthodoxie catholique — voici le principe de notre travail, et là est notre force !

Nous avons au Japon une magnifique cathédrale en pierre (à Tokyo) ; des églises consacrées à Hakodate (en pierre), Sendai, Sirakava, Takasaki, 2 à Tokyo (en bois), Sioubenobi, Toïhasi, Okasaki, Nagoya, Kyoto, Osaka (au total 13 églises consacrées), 55 maisons de prières (avec iconostases réduites et autels portatifs), et, en outre, une vingtaine de locaux loués pour les réunions des chrétiens. L'Église japonaise compte 30 paroisses japonaises, 32 prêtres japonais, 5 diacres, 30 catéchistes. Il n'y a plus de missionnaires russes. À la tête de l'Église est placé le chef de la Mission orthodoxe, avec le titre d'archevêque du Japon.

Il y a à Kobé une maison de prière pour les émigrés russes (qui sont au nombre de 150 environ), desservie par un prêtre et un diacre, Russes réfugiés.

La liturgie et les prêches se font en langue japonaise ; le chant également, mais les motifs sont russes. Il y a environ 40 000 Japonais orthodoxes ; il y en a près de 15 000 fervents (communiant, faisant des dons, etc.) Si les Japonais sympathisent à l'orthodoxie ? Il est ; difficile de répondre à cette question. Il faut aussi savoir que sur les 60 millions de Japonais, il n'y a, après 70 ans de travail, que 300 000 chrétiens de toutes confessions. Le Japon est entraîné par une culture matérialiste... Néanmoins, nous, orthodoxes, baptisons annuellement près de 500 personnes (dont la moitié sont des enfants : accroissement naturel de l'Église). L'Église japonaise ne possède pas l'autocéphalie et n'y songe point.

L'Église japonaise n'est pas autonome de jure, mais elle l'est de facto : les circulaires, les prescriptions et les édits du gouvernement ecclésiastique russe sont rarement applicables, souvent même inutiles à l'Église du Japon.

L'Église japonaise se considère comme un petit membre du grand Corps — l'Église russe, et présentement l'Église patriarcale (et non « Vivante, » ou « Réformée »), cette vieille Église orthodoxe gouvernée par le Gardien du Siège patriarcal, Mgr Serge, seconde par le Saint-Synode patriarcal. C'est sous leur juridiction immédiate qu'est placée l'Église japonaise.

Moyen d'évangélisation : prédication dans les familles, sans ce bruit des manifestations et des conférences ; l'apostolat est positif (non apologétique) : « Je suis le Christ ; crois si tu veux ! », sans polémique, sans critique aucune des autres confessions ; sans attaques même contre le bouddhisme et le shintoïsme : le Christ lui-même — comble de Vérité n'accaparait les cœurs que par la paix.

Relations avec les autres confessions : « bon voisin » avec les protestants ; amicales avec les anglicans ; nulles avec les catholiques : ceux-ci nous montrent de l'hostilité, et nous les ignorons en silence.

L'Église japonaise possédait avant la Révolution russe un séminaire ecclésiastique et 2 instituts religieux pour femmes. Mais ils sont fermés depuis 1918. L'Église japonaise n'a pas la force matérielle d'avoir ses écoles propres.

Elle est matériellement indépendante : les ouailles nourrissent elles-mêmes leur clergé... Nous n'avons jamais reçu et ne recevons pas de subsides de l'étranger. Depuis octobre 1918, la Russie n'a plus fourni un sou... De temps à autre, certaines personnes nous font de petits dons pécuniaires.

Sans la connaissance de la langue japonaise, un missionnaire n'aurait que faire au Japon. Et maintenant, vu l'absence des moyens, il n'aurait même pas de quoi vivre.

Excusez pour ce peu de notes : tout en écrivant, j'étais sans cesse interrompu par des visiteurs.

Que le Christ vous garde !

Votre humble serviteur, Serge, archevêque du Japon.

6.16 La Perse

Lettre de l'archimandrite Vital.

Monsieur,

En réponse à votre lettre, j'ai le plaisir de vous informer que la Mission orthodoxe en Perse fut fondée, non pour les Perses eux-mêmes, mais pour les Chaldéens ; ainsi tombent vos questions concernant les Perses. Le nombre de Chaldéens, vivant dans la région d'Ourmiah, que j'administre, atteint 50.000 ; la majorité est orthodoxe, puis viennent une quinzaine de mille de protestants, encore moins de catholiques, et un peu d'autres hétérodoxes. La fondation de la Mission fut posée en 1898. Le 25 mars de cette année, l'évêque de Sounourgan et d'Ourmiah, Mar-Jonas, abjurait, avec toutes ses ouailles, le nestorianisme pour l'orthodoxie. L'union fut scellée à Saint-Pétersbourg, dans la Laure de St-Alexandre-Nevsky, où Mar-Jonas vint avec sa suite. L'archiprêtre de la ville d'Erivan, Vladimir Senatsky, préparait le reste de la masse nestorienne à l'acceptation de l'Union, pendant que Mar-Jonas séjournait en Russie. C'est donc lui qui fut en quelque sorte le fondateur de la Mission orthodoxe d'Ourmiah. Lorsque Mar-Jonas rentra, on composa à Ourmiah une Mission composée de Russes. Le hiéromoine Théophylacte, gradé de l'Académie de Saint-Pétersbourg, en fut créé chef. On lui adjoignit quelques membres, quatre, je crois. Mais une mésintelligence naquit entre le hiéromoine Théophylacte et l'archiprêtre Senatsky : celui-là fut rappelé, celui-ci s'était suicidé avant le rappel de Théophylacte. La cause de cette honteuse mort du premier missionnaire à Ourmiah fut, sans doute, la dyarchie dans la Mission. Théophylacte fut encore délégué pour la deuxième fois, avec le grade d'archimandrite, mais ne resta pas longtemps. Après lui, la Mission fut environ quatre ans sans chef (jusqu'août 1902) ; elle était administrée par le diacre Michel Sarkissov et le lecteur Basile Mamontov, lequel demeura dans la Mission jusqu'à la fin de sa vie, et mourut martyrisé le 14 août 1918 ; il fut enseveli à Hamadan. En 1902, la mission reçut pour chef l'archimandrite Cyrille, maintenant métropolite de Kazan, et qui fut, ces dernières années, traîné dans les geôles et les camps de concentration de l'U.R.S.S. Ce prélat fut secondé par le hiéromoine Serge Lavrov, gradé de l'Académie de Saint-Pétersbourg ; ce dernier reçut le grade d'archimandrite et le gouvernement de la Mission en 1905, lorsque l'archimandrite Cyrille quitta Ourmiah. Serge resta dans la Mission jusqu'en 1905, et fut sacré premier évêque d'Ourmiah. Sous son épiscopat, les Chaldéens-Unis eurent pour pasteurs Mar-Jonas, mort en 1908 ; Mar-Élie, sacré à Saint-Pétersbourg par des évêques orthodoxes ; Mar-Abraham, enfin, qui abjura le nestorianisme, mais n'a jamais eu de diocèse effectif. Mar-Élie décéda à Ourmiah en 1929. Sous l'archimandrite Cyrille, la Mission commença à s'acquérir des constructions : on éleva un mur encerclant ses terres, un corps de bâtiments avec une Église dédiée à Saint Serge (Radoniezsky) et à Saint Cyrille (l'Apôtre des Slovènes), des bâtiments de service (écuries, grange) ; et, en automne 1903, les missionnaires purent occuper leurs propres établissements, car jusque là, ils étaient hébergés dans des maisons privées. En 1904, au-dessus du grand bâtiment, on en éleva un autre (l'église), ainsi qu'une école à deux étages, où étudiaient une soixantaine de jeunes Chaldéens-Unis. Les écoles — pour garçons et jeunes filles — s'ouvrirent également sous l'archimandrite Cyrille, dans des maisons privées. L'école pour garçons avait sept classes et donnait accès à la prêtrise. On y étudiait les langues suivantes : le russe, le persan, le chaldéen et le syrien liturgique. Sous le gouvernement de Serge, d'abord higoumène (prieur), puis archimandrite (abbé) et enfin évêque des missionnaires d'Ourmiah, la mission perdit la paix intérieure — entre missionnaires, — et extérieure — avec les évêques chaldéens unis et les consuls russes. Sous l'évêque Serge, les missionnaires étaient : le hiéromoine Juvénal, gradé de l'Académie Théologique de Kazan, qui ne resta que huit mois ; après lui furent envoyés trois hiéromoines : Pimène Bielolikov, de l'Académie de Kiev ; Corneille Soboliev, de l'Académie de Saint-Pétersbourg, et Serge Chameline, de l'Académie de Moscou. Tous ces Missionnaires, à commencer par Juvénal, se disputèrent avec leur chef et se retirèrent, sauf Pimène. Après eux, en 1906, fut envoyé le hiéromoine Alexis Keuznetsev, de l'Académie de Saint-Pétersbourg, qui lui non plus ne resta pas longtemps. Cette époque fut désastreuse pour la mission : tout marchait mal. Le travail était pédagogique dans les écoles, liturgique dans l'église, pastoral dans les différents villages. Outre leur propre église, les missionnaires devaient desservir encore l'église de la ville. Tout ce travail ne pouvait pas être dûment mené à cause du manque d'unanimité parmi les membres de la Mission. En 1914, les Turcs entreprirent l'occupation de la Transcaucasie en passant par le territoire perse, et la Mission fut obligée de quitter Ourmiah avec le consulat russe, et de rentrer en Russie. Les écoles émigrèrent ; de même presque tous les chrétiens ; ceux qui restèrent furent violentés pour devenir musulmans. Ainsi un curé chaldéen uni, du village Mouchava, apostasia avec toute sa famille ». Au village Aboula-Kjandy, deux prêtres étaient pressés d'accepter l'Islam : un orthodoxe et un catholique ; le premier se montra plus faible que le second, mais, soutenu par ce dernier, il partagea avec lui un martyre commun. L'évêque Mar-Élie, resté à Ourmiah, fut arrêté et dut souffrir bien des avanies ; enfin, saisissant un moment favorable, il s'échappa et s'enfuit en Russie. Les bâtiments de la Mission furent occupés par les Turcs ; l'église fut souillée et profanée. À la fin de 1915, l'évêque Serge rentra à Ourmiah, mais n'ayant pas pu se mettre d'accord avec les autorités militaires et civiles, il fut rappelé bientôt après, pour n'y retourner plus jamais. Actuellement, après avoir louvoyé entre l'Église orthodoxe et le schisme des « assermentées » (obnovliency), il passa en U.R.S.S. au camp de ces derniers, et, tout en conservant sa dignité pontificale, épousa une moniale nommée Véronique (Bérénice). L'évêque Serge a essayé d'imiter le grand Nicolas, Illuminateur des Japonais ; mais il n'a jamais eu l'esprit apostolique de ce pontife. En 1916, Pimène Bielolikov, promu évêque entretemps, fut nommé chef de la Mission. Avec lui, les missionnaires : hiéromoine Vital Sergueiev, le prêtre Basile Mamontov, le diacre Théodore Pédenjke et deux prêtres syriens. La guerre continuant, la Mission n'a pas pu développer un grand travail. Les offices, à la Mission dans les villages, étaient célébrés régulièrement, et le travail pédagogique avançait, quoique faiblement, sans discontinuer. Il y avait près de 80 villages orthodoxes, et presque partout il y avait des églises, neuves ou anciennes. Les prêtres qui avaient accepté l'union étaient nombreux, mais la mort les enlevait peu à peu sans qu'ils fussent remplacés. Les offices se célébraient en syrien antique, d'après les rites de l'Église orthodoxe. Les nestoriens n'étaient plus qu'une infime minorité. Au commencement de la Révolution russe, les Turcs d'une part, les Arméniens joints aux Chaldéens de l'autre, entrèrent en lutte. Ces derniers avaient, contre les Turcs, un centre militaire capital à Ourmiah. À cette même époque — fin 1917 —, l'évêque Pimène fut obligé de quitter Ourmiah, et cela grâce aux intrigues de Mgr Serge, qui cherchait à réoccuper ce siège ! Mais ce dernier n'a pu atteindre son but, et rentrer à Ourmiah, car les autorités de la ville, informées, ont protesté. La Mission resta sans chef et sans moyens de subsistance. La lutte des Turcs contre les chrétiens s'acheva par le triomphe de ceux-là ; Ourmiah devait tomber dans les mains musulmanes. Toute la population chrétienne, au nombre de 100 000, avec ce qu'elle pouvait emporter de sa fortune, partit en juillet 1918 vers le sud d'Ourmiah, dans la direction de Sinca. La mission orthodoxe, composée du hiéromoine Vital, du prêtre Mamontov et du diacre Pedenjke, émigra également avec tout ce peuple. La partie de la population chrétienne, qui resta à Ourmiah, espérant trouver secours auprès des missions catholiques et américaines, fut entièrement massacrée. Deux évêques catholiques et plusieurs prêtres périrent de la main musulmane... Le même sort attendait les Américains. Les émigrés chaldéens unis, parvenus à la ville de Hamad, furent dirigés par les autorités britanniques à Bagdad, où ils demeurent jusqu'à maintenant. Ourmiah est privée de sa Mission orthodoxe ; les bâtiments de celle-ci sont en ruines. L'ancien et magnifique parc de la Mission est rasé, nivelé et ensemencé. Le gouvernement soviétique a fait « cadeau » au gouvernement persan des grandes terres de la Mission... Celle-ci ne possède plus rien à Ourmiah : plus de typographie non plus (c'est là qu'on publiait les livres liturgiques, les livres d'étude et le journal Pravoslavnaïa Ourmiah, L'Ourmiah orthodoxe, en langue russe et syrienne. Les anciennes paroisses orthodoxes avec les églises sont passées peu à peu aux catholiques ; même l'église de la ville appartient aux nestoriens. Le nestorianisme réapparaît, tandis que les catholiques s'approprient tout le reste. Les seuls restes d'orthodoxes nombreux se retrouvent à Bagdad ; ils y ont un prêtre chaldéen uni. L'évêque Mar-Élie rentra de Hamadan à Ourmiah, mais il n'y a pu plus rien faire, et y décéda, comme je l'ai dit plus haut.

Le hiéromoine Vital remplace le chef de la Mission depuis 1918, et fut, en 1922, confirmé définitivement dans ce poste avec titre d'archimandrite par un bref du Synode des Évêques orthodoxes russes à l'Étranger. Étant en même temps curé de la paroisse orthodoxe russe à Téhéran, il a également sous sa juridiction l'église chaldéenne unie de Bagdad.

Archimandrite Vital. ... Le même sort attendait les Américains. Les émigrés chaldéens unis, parvenus à la ville de Hamad, furent dirigés par les autorités britanniques à Bagdad, où ils demeurent jusqu'à maintenant. Ourmiah est privée de sa mission orthodoxe ; les bâtiments de celle-ci sont en ruines. L'ancien et magnifique parc de la mission est rasé, nivelé et ensemencé. Le gouvernement soviétique a fait « cadeau » au gouvernement persan des grandes terres de la mission... Celle-ci ne possède plus rien à Ourmiah : plus de typographie non plus (c'est là qu'on publiait les livres liturgiques, les livres d'étude et le journal Pravoslavnaïa Ourmiah, L'Ourmiah orthodoxe, en langue russe et syrienne. Les anciennes paroisses orthodoxes avec les églises sont passées peu à peu aux catholiques ; même l'église de la ville appartient aux nestoriens. Le nestorianisme réapparaît, tandis que les catholiques s'approprient tout le reste. Les seuls restes d'orthodoxes nombreux se retrouvent à Bagdad ; ils y ont un prêtre chaldéen uni. L'évêque Élie rentra de Hamadan à Ourmiah, mais il n'y a pu plus rien faire, et y décéda, comme je l'ai dit plus haut.

Le hiéromoine Vital remplace le chef de la mission depuis 1918, et fut, en 1922, confirmé définitivement dans ce poste avec titre d'archimandrite par un bref du Synode des Évêques orthodoxes russes à l'Étranger. Étant en même temps curé de l'Église orthodoxe russe à Téhéran, il a également sous sa juridiction l'église chaldéenne unie de Bagdad.

N. B. — Lorsque le traducteur emploie le terme de « Chaldéen Uni », il a en vue les nestoriens ayant accepté l'Union avec l'Église orthodoxe d'Orient, et que l'Archimandrite Vital désigne généralement du nom d' « aïssors ».

6.17 Infructueux essais de rapprochement en Éthiopie au XVIIe siècle

La publication de documents ignorés sur l'histoire des Églises orientales mérite toujours quelque attention, parce que d'ordinaire une leçon s'en dégage, soit qu'on y rencontre des allusions à des expériences malheureuses qu'il importe de ne pas renouveler, soit que simplement on y découvre des relations intéressantes entre ces Églises et d'autres centres religieux.

Les deux volumes qui ont paru récemment dans la Biblioteca Bio-Bibliographica della Terra Santa e dell'Oriente Franccscano sur l'Éthiopie franciscaine (i), nous apportent quelques lumières nouvelles au sujet de la brutale latinisation qu'avait voulu imposer à l'Éthiopie, au XVIIe siècle, le patriarche Alfonso Mendez, en même temps qu'ils mettent à jour des documents romains déplorant cette politique désastreuse. Si les franciscains, auxquels on confia la mission d'Éthiopie après l'échec de Mendez et de ses compagnons, se trouvèrent devant une situation politique et religieuse véritablement impossible, la cause en fut en grande partie aux maladresses de ceux qui les avaient précédés, maladresses que bon nombre d'historiens ont déplorées déjà, mais qui appartiennent à la catégorie de celles qu'on ne soulignera jamais assez. On sait que l'Église d'Éthiopie, qui se rattacha dès ses origines à la circonscription d'Alexandrie, resta monophysite ainsi que sa métropole depuis le concile de Chalcédoine.

[1]*The Orthodox Faith: Bible and Church History,* Départment de l'éducation religieuse, L'Église orthodoxe en Amérique, New York, 1973. Le père Stéphane Bigham est responsable de la traduction française.

[2] *Le Messager de l'Exarchat du Patriarche russe en Europe occidentale* 117, 1998, pp. 75-86.

[3] *Regards sur l'orthodoxie, 1054-1954, Cahiers de la Nouvelle Revue théologique* X, 1954, pp. 126-130.

[4]Le prêtre catholique ne peut ignorer cet état d'esprit actuel de nos frères d'Orient. C'est un devoir pour lui de se souvenir que le Code, prévoyant des cas de cette espèce, fait suivre le canon 1102 qui interdit les rites sacrés pour les mariages mixtes de la réserve suivante : « *Quod si ex hac prohibitione graviora mala praevideantur, Ordinarius potest aliquam ex consuetis ecclesiasticis cacremoniis, exclusa semper missae celebratione, permittere* ». L'aversion que conçoit ce jeune époux envers l'Église romaine et les conséquences qu'elle aura pour l'individu lui-même et les enfants à naître dans ce foyer sont bien un de ces « graviora mala » dont parle le Code.

[5] *Regards sur l'orthodoxie, 1054-1954, Cahiers de la Nouvelle Revue théologique* X, 1954, pp. 130-132.

[6]*Regards sur l'orthodoxie, 1054-1954, Cahiers de la Nouvelle Revue théologique* X, 1954, pp. 132-134.

[7]« Les missions étrangères dans l'Église orthodoxe russe », *Irénikon* XXVIII, 1955, pp. 159-175.